国家出版基金项目
NATIONAL PUBLICATION FOUNDATION

“十三五”国家重点出版物出版规划项目
中国反腐败国家立法研究丛书

公共财政绩效预算与反腐败立法研究

聂资鲁 著

湖南大学出版社
·长沙·

图书在版编目（CIP）数据

公共财政绩效预算与反腐败立法研究 / 聂资鲁著. -- 长沙 ：湖南大学出版社，2023.11
（中国反腐败国家立法研究丛书）
ISBN 978-7-5667-2540-0

Ⅰ. ①公… Ⅱ. ①聂… Ⅲ. ①国家预算—财政管理体制—研究—中国 ②反腐倡廉—研究—中国 Ⅳ. ①F812.3 ②D630.9

中国版本图书馆 CIP 数据核字（2022）第 100316 号

公共财政绩效预算与反腐败立法研究
GONGGONG CAIZHENG JIXIAO YUSUAN YU FANFUBAI LIFA YANJIU

著　　者：聂资鲁
策划编辑：谌鹏飞
责任编辑：刘雨晴
印　　装：湖南天闻新华印务有限公司
开　　本：710 mm×1000 mm　1/16　印　张：14.5　字　数：220 千字
版　　次：2023 年 11 月第 1 版　印　次：2023 年 11 月第 1 次印刷
书　　号：ISBN 978-7-5667-2540-0
定　　价：60.00 元

出 版 人：李文邦
出版发行：湖南大学出版社
社　　址：湖南 · 长沙 · 岳麓山　邮　编：410082
电　　话：0731-88822559（营销部），88821691（编辑室），88821006（出版部）
传　　真：0731-88822264（总编室）
网　　址：http://press.hnu.edu.cn
电子邮箱：presschenpf@qq.com

总 序

党的十八大以来，以习近平同志为核心的党中央，从维护党和国家长治久安与回应民众期待要求出发，高度重视法治反腐，坚定不移地推进党风廉政建设与反腐败斗争。反腐败斗争力度前所未有，取得的成就令世界瞩目，成功地走出了一条中国特色的反腐败之路。我国在国际社会树立了良好的形象，国际影响力与话语权不断得到提升。

在国际规则重塑的当下，国际社会，尤其是新兴国家，特别需要中国提供的公共产品——反腐败中国方案与中国经验，国际反腐败合作也需要中国参与和推进。十年来，中国秉持多边主义立场，积极维护以联合国为核心的反腐败国际治理体系，积极参与反腐败多双边合作，坚决打击跨国腐败犯罪，推动全球反腐败秩序向更加公平公正的方向发展，为构建人类命运共同体作出了中国贡献。

推进反腐败国家立法，是党的十八大以来，以习近平同志为核心的党中央全面从严治党重大政治建设成果的经验总结。推进反腐败国家立法，事关党风廉政建设和反腐败工作全局，是建设中国特色社会主义法治体系的重要内容。在十八届中央纪委二次全会上，习近平总书记就提出，要善于运用法治思维和法治方式反对腐败，加强反腐败国家立法，加强反腐倡廉党内法规制度建设，让法律制度刚性运行。党的十八届四中全会提出："加快推进反腐败国家立法，完善惩治和预防腐败体系，形成不敢腐、不能腐、不想腐的有效机制，坚决遏制和预防腐败现象。"党的十九大报告提出："推进反腐败国家立法，建设覆盖纪检监察系统的检举举报平台。"党的二十大报告明确提出："深化标本兼治，推进反腐败国家立法。"

“中国反腐败国家立法研究丛书”（以下简称“丛书”），基于党的十八大以来“推进反腐败国家立法”和“一体推进不敢腐、不能腐、不想腐”“夺取反腐败斗争压倒性胜利”这一时代背景，以习近平法治思想为根本遵循，深入分析党风廉政建设与反腐败斗争中的重大法治问题，尤其是立法问题，博采众长，希望建构起一种与社会主义市场经济、法治国家和民族精神的发展相适应的道德、廉政、法治秩序，以服务于法治中国建设，服务于中国式现代化建设。

丛书含括《反腐败国家立法通论》《国际组织反腐败立法研究》《防止公职人员利益冲突立法研究》《公共财政绩效预算与反腐败立法研究》《国有企业反腐败立法研究》《推进反腐败国际立法研究》《国外对中国近年来反腐败及反腐败立法的评价研究》等七个分册，凝结了作者对反腐败国家立法的历史沿革、立法原理、立法文本、立法技术、立法效果等方面的全面梳理、归纳与思索。丛书既有关于反腐败国家立法的整体分析，又有对于重点领域立法推进的具体研究，以及对国际反腐败合作与立法的深度研究，还有对国外评价中国反腐败国家立法效果的再评价，它们共同构建了一幅全景式展示反腐败国家立法理论、历史与发展规律、立法技术等的蓝图。

其一，建构了中国反腐败国家立法研究的分析框架和研究范式。从腐败的生成机理、构建反腐败的核心要素、反腐败立法的正当性和合法性等方面搭建了中国反腐败国家立法的分析框架。

其二，概括了反腐败国家立法模式。在对国外反腐败国家立法实践进行全面梳理和总结分析的基础上，将国外反腐败国家立法分为三个时期、三种模式，并对三个时期和三种模式进行了评析，总结了世界各国在反腐败立法上的经验教训。

其三，论证了我国推动反腐败国家立法体系化的必要性和可行性。从维护社会公平正义与和谐稳定的宏观角度，依然严峻的反腐败形势的中观角度，以及我国对《联合国反腐败公约》履约、为国际社会提供反腐败公共产品的微观角度，论证了我国推动反腐败国家立法体系化的必要性。从政策支持、理论储备、立法依据和国际经验等四个方面论证了我国推动反腐败国家立法体系化的可行性。

其四，以国外反腐败法律文本、立法实践为研究对象，落脚于对我国反腐败国家立法的探索，提出了未来我国反腐败国家立法体系的构想，提供了若干立法草案。

其五，提出了推动中国特色反腐败法典的编纂是当下刻不容缓的要务的观点，并着力分析了推动反腐败法典编纂的必要性、可行性，提出了起草反腐败法典的思路、框架与实施策略。

丛书既有对当代中国反腐败国家立法体制机制、反腐败立法体系化和反腐败法典的内涵及其特点、规律的探索，又有对国外反腐败国家立法的得失、特点与规律的总结，还有对国际组织反腐败立法的研究；既有对推进反腐败国际立法与反腐败国际执法的研究，又有对国际反腐败立法、执法绩效评估的研究。这些既是对反腐败国家立法、反腐败国际立法的历史演进、现实发展的研究，也是对未来反腐败法治建设的前瞻。

希望丛书能够给广大读者以启发，也期待着大家的批评指正。

2023 年 6 月 10 日

于广西大学

目　次

第二编　国际经验编

第三编　立法探索编

绪　论

一、研究缘起

18 世纪英国经济学家亚当 · 斯密在《国富论》中提到财政是“庶政之母”[①]，我国唐代财政改革家杨炎也表示“夫财赋，邦国之大本”。在现代社会，财政是国家治理的基础和重要支柱。

而预算是财政的基石。编制和执行预算的过程，实质上是体现、落实一国国家方针政策的过程，即理财治国的过程。因而，现代预算制度是现代国家财政制度的核心。

预算绩效管理改革不仅是现代预算制度建设的主要内容，也是现代财政制度建设、政府治理体系建设乃至国家治理现代化的组成部分。[②] 目前，世界上大部分发达国家普遍实行的一种预算管理模式和预算制度——绩效预算。

公共财政预算的编制与公开，最早可追溯到 17 世纪英国光荣革命时的财政预算改革——财政预算由政府编制，经立法机关审批，反

① “财政乃庶政之母”是亚当 · 斯密在《国富论》中提出的一个著名论点，他认为公共财政的发展对于一个国家的繁荣至关重要，是国家财富、社会福利和政治稳定的基石。他还指出财政管理应注重平衡预算，预防财政危机，这实际上也是现代公共财政管理的核心理念。

② 2018 年 9 月 1 日，中共中央、国务院印发《关于全面实施预算绩效管理的意见》（中发〔2018〕34 号），标志着预算绩效管理改革进入了一个全新的阶段。文件指出，全面实施预算绩效管理是推进国家治理体系和治理能力现代化的内在要求，是深化财税体制改革、建立现代财政制度的重要内容，是优化财政资源配置、提升公共服务质量的关键举措。

映政府一个财政年度内的收支计划。

绩效预算则是美国在1949年提出的一个概念，它是政府编制和管理预算的一种理念、方法。20世纪80年代以后，在英美等西方国家再次勃兴。美国、澳大利亚、新西兰等国都先后实行了以成果为导向的预算改革，形成了一股全球性的政府财政改革潮流。

我们通常所说的绩效预算，实际上指的是第二次绩效预算改革运动所形成的绩效预算模式与制度，是以项目绩效为目的、以成本为基础而编制的预算。具体来说就是政府各部门先制订有关的项目计划或工程规划，然后通过计算每项计划的成本和效益，择优把项目列入预算。对适用的支出项目实行绩效预算，就是按预算年度所有因素和事项的轻重缓急、效益大小进行测算，特别是对发展性项目支出，年度预算要编制到具体项目，并采用必要的成本效益分析方法，开展科学的项目可行性论证，编制项目概算，促进资金流向更富有成效的项目，使有限的资金发挥更好的效益。

受到国外推广预算绩效理念的影响，我国在20世纪90年代末至2003年间开始自发探索预算绩效评价工作，并在河南等地开始小规模试点。

目前，全面实施预算绩效管理已成为进一步深化现代预算制度改革的重点内容，成为推进国家治理体系和治理能力现代化的重要力量。

正是在这样的大背景下，研究如何推进公共财产绩效预算与反腐败立法意义重大。

二、研究意义

如前所述，我国预算管理体制经过十余年的改革，目前已初见成效，与社会主义市场经济体制相符合的公共财政体制和政府预算框架已初步建立，但仍然存在诸多问题与不足之处，理论界和实务界对现行预算制度改革的呼声也越来越高。推进全面预算绩效管理实施工作，已成为当前和今后财政工作的重要内容。

在这样的背景下，探讨绩效预算的基本原理和世界发达国家的实践经验，探讨公共财政领域的反腐败立法问题，全面推进现代预算制度与现代财政制度建设，具有极其重要的意义。

一是有利于推进法治政府、责任政府和服务型政府建设。推进绩效预算公开与财政公开是建设法治政府的需要。绩效预算无论如何都应当以公开为基础和原则。推进绩效预算公开、财政公开也是建设责任政府的需要。打造责任政府要以政府信息公开为基础。公开是责任的关键，推进绩效预算公开和财政公开，有利于促进政府按照人民群众的意愿来管理、使用财政资金。推进绩效预算公开还是建设服务型政府的需要。公开绩效预算信息，有利于通过外部监督促使政府在财政资源管理方面做到公开、公平、公正。

二是有利于保障公民的知情权、参与权和监督权。绩效预算本质上是为了监管好并开支纳税人的钱。作为纳税人，一方面，他们有权知道自己缴的税花到何处；另一方面，他们有权监督政府将税收如何花销。建立健全财政绩效预算公开机制，公民依法行使财政预算知情权和财政支出的监督权，参与财政绩效预算的运作，有助于确保财政预算存在的合法性和正当性。同时，也有助于公民更好地督促政府切实管好、用好财政资金。

三是有利于监督权力和预防腐败。增强绩效预算的透明度和刚性约束，有利于人民群众对行政权力的监督和约束；对于深入推进反腐倡廉建设也有现实意义。因为只有不断推进公共财政绩效预算制度建设和反腐败立法，才能从根本上杜绝预算执行中的违规违纪问题，为预防公共财政领域腐败现象提供有力的制度保障。

四是有利于丰富反腐败国家立法在公共财政绩效预算反腐败立法方面的内容。推进反腐败立法从规范用权，向规范用财（资金、资产）迈进，实现反腐败立法对公共领域的全覆盖。

第一编　理论探讨编

第一章　预算腐败：由预算失规滋生的腐败及成因探究

一、腐败与公共财政腐败

我国是社会主义国家，社会主义财政的本质是公共财政。[①] 公共财政是国家通过依法取财用财，确保财政的每一笔资金“取之于民、用之于民”。正如2014年1月习近平总书记在十八届中央纪委三次全会上所强调的：“公款姓公，一分一厘都不能乱花。”这就是中国特色社会主义公共财政的本质。

毋庸讳言，由于多方面的原因，在公共财政领域也存在腐败现象，甚至还很严重。“据统计，在腐败集中发生的10个主要领域中，财政领域腐败造成的损失排在第二位，仅次于金融领域造成的经济损失。”[②]

对公共财政腐败，亟须从源头上予以探究与防治。

（一）腐败的定义

关于腐败的定义，学界与实务界其实并没有统一的标准。但大家

---

① 郭剑鸣. 公共预算约束机制建设与中国反腐败模式的完善［J］. 政治学研究，2009（4）：73-81.

② 李成言，庄德水. 财政腐败新视角［J］. 决策，2009（12）：34-35.

都认同腐败与权力有关系，认同英国史学家阿克顿勋爵所说的“权力倾向腐败，绝对的权力倾向绝对的腐败”① 的观点。因为不受监督或失去监督的公共权力必然会被用来谋取私利。也同意塞缪尔·P.亨廷顿从经济财富的角度对腐败做出的判断，他认为腐败是指国家官员为了牟取私利而违反公认准则的行为，“腐败行为大多数采取以政治行动换取经济财富的形式”②。

近年来，也有不少学者从经济学的角度来定义、研究腐败，并提供一种新的源头反腐思路。

吴敬琏认为，腐败是市场经济条件下经济租金的分配，政府管理和市场体制的不规范使得政治学意义上的公意“委托—代理”模式失效，设租和寻租不仅有市场，而且有可能。③ 他明确指出，“腐败是权力与货币的交换，这种‘以权谋私’现象，在经济学术语上叫作设租和寻租活动”④。

陈立诚、刘剑文提出，腐败的主要形式是“公财私用”，即从财富流动的角度观察，腐败的实质是官员将权力支配下的公共财产以寻租、侵吞或滥用的方式向私人财产转移。⑤

寇铁军、胡望舒认为，对于绝大多数类型的腐败来说，其实质可以概括为：官员为满足私利将权力支配下的公共财产非法挪为私用的行为。⑥

吕朝阳从经济学的角度分析认为：“腐败产生于政府—人民之间的委托—代理关系，在政府以及各职能部门的各类行为缺乏透明度

---

① 阿克顿．自由与权力［M］．侯健，范亚峰，译．北京：商务印书馆，2001：286.

② 亨廷顿．变化社会的政治秩序［M］．张岱云，聂振雄，石浮，等译．上海：上海译文出版社，1989：72.

③ 吴敬琏．中国腐败的治理［J］．战略与管理，2003（2）：1-8.

④ 陈可雄．反腐败必须釜底抽薪：访著名经济学家吴敬琏教授［J］．新华文摘，1994（1）：24-25.

⑤ 陈立诚，刘剑文．财税制度反腐：一种源头治理的新进路［J］．政治学研究，2015（1）：59-70.

⑥ 寇铁军，胡望舒．财税法制建设与反腐败成效：基于中国省域面板数据的研究［J］．财政研究，2016（11）：19-30.

的情况下，作为代理人的政府违背人民的委托意图，侵害委托人利益会时有出现，大量的挥霍、贪污、挪用、在职消费、滥用职权、寻租腐败、短期行为、权钱交易便应运而生。”①

上述关于腐败的定义，虽谈不上经典，却具有一定的代表性。

（二）财政腐败的定义

关于公共财政腐败的定义，学界与实务界同样没有统一的标准。

就一般意义而言，财政腐败是指发生在公共财政领域的一切腐败活动和腐败现象。这个定义有以下要点：一是财政腐败的主体是掌握财政权的政府官员或是行使国家财政权力的集体。二是财政腐败的依托是国家公共财政权力或财政资源。三是财政腐败的目的是谋取不正当利益，这里所指的利益范围很广，包括政治利益、经济利益、社会利益等方面。② 财政腐败，是一种制度性的腐败，其本质是用财政权来侵害公共利益，而每一种财政腐败都离不开财政资金使用过程的异化，因此，可以将财政腐败主要分为财政收入过程腐败、财政支出过程腐败、公共预算管理腐败。同时，这也是财政腐败的原因所在，正是由于在这三个过程中出现漏洞与问题，才导致腐败现象的滋生。既然财政腐败主要是在人、权、财三个方面出现了隐患，那么，防治财政腐败理应也要从三个方面着手：对人的规制、对权的规制以及对财的规制。③

李炜光等认为，财政腐败是财政领域中权力行使者利用其财政管理权力谋取私利并导致财政资金流失或低效、无效使用的各种行为。财政领域腐败主要表现为税收征收中的腐败、职务消费腐败

① 吕朝阳．财政监督与推进源头反腐研究：基于湖南省的实证分析［J］．财政监督，2010（7）：16-19.

② 童家飞．基于防治财政腐败的财政监督体系研究［D］．杭州：浙江财经大学，2013.

③ 童家飞．基于防治财政腐败的财政监督体系研究［D］．杭州：浙江财经大学，2013.

(比如“三公”经费、“一元钱就餐制”)、政府采购腐败、财政转移支付领域中的腐败。①

刘志芳、刘学之认为，财政腐败是指财政领域中的官员为了个人私利，利用某种垄断权（包括行政权和资源配置权）所进行的滥用公共权力，包括贪污、受贿、挪用、偷税漏税以及在为民办事中的拖拉、推诿、扯皮等渎职行为。②

魏红、涂家铭认为，所谓财政腐败是指财政领域的相关部门或人员，在管理公共财政的预算、收入和支出的过程中，利用公权力谋取私利的行为，从而造成国家公共财政遭受侵吞和损失。③

上述关于财政腐败的观点，基于各自的角度，抓住了几个共同的要素：权力、公共财产、私人利益。目前，学界都认同财政腐败的本质是运用公权力进行的“公财（款）私用”。

（三）财政领域的腐败现象分类

有学者把财政领域的腐败行为分为如下三类：一是财政收入流失性腐败。这是一种发生在财政收入征收过程中所造成国家财政收入流失的腐败行为。二是财政支出中贪污腐败。财政支出中贪污腐败是指贪污财政资金，把预算资金据为己有的腐败行为。由于财政支出透明度不高及财政管理制度的缺失，财政资金拨给部门后，脱离了公众的监督，成为财政资金被挤占挪用，甚至贪污腐败的温床。三是寻租性腐败。寻租性腐败包括：政府价格管制所产生的寻租性腐败、政府特许权所产生的寻租性腐败、贸易限制、高关税和进口配额所产生

---

① 李炜光，姚丽莎. 财政腐败原因的制度分析［J］. 经济与管理研究，2011（4）：115-119.

② 刘志芳，刘学之. 财政腐败的经济学界定及其成因分析［J］. 学术论坛，2006（12）：89-93.

③ 魏红，涂家铭. 财政预算绩效管理与防治腐败探索［J］. 财政监督，2014（13）：50-52.

的寻租性腐败、公共投资与公共支出活动产生的寻租性腐败。①

也有学者指出，财政腐败可以分为以下几类形式：一是财政资金贪污腐败。财政资金贪污腐败是指把预算资金据为己有的腐败行为。当前，预算编制及执行过程中存在的漏洞使贪污腐败者有机可乘。如单位或个人利用监管上的漏洞，通过预算资金体外循环、虚报预算、长期挂账、坐收坐支等手段，将财政资金占为己有，造成财政资金损失。二是收入流失性腐败。如利用公权力，随意减免行政事业性收费等预算外收入，谋取私利；利用职务便利，低价转让、处置或变卖国有资产，造成国有资产收益流失；暗箱操作，随意降低国有资产租赁价格，导致资产收益减少等，从中为自己牟私利。三是寻租性腐败。寻租是利用资源通过政治过程获得特权从而构成对他人利益的损害大于租金获得者获取收益的行为。如土地批租转让、重大项目审批、重大工程招投标、国有资产有偿使用及处置、资金信贷以及资本市场中的圈钱等。四是经费支出腐败。如违规发放津补贴和奖金；虚开发票报销费用，变相侵吞公款；以“三公”经费之名假公济私。五是重大项目管理腐败。如为争取财政资金，随意申报重大项目，套取国家财政资金，然后改变项目用途；随意修改项目预算，将项目资金挪作他用甚至占为己有；不经过专家论证及可行性分析，仓促上马重大项目，滋生寻租行为，导致财政资金效率低下或严重浪费，造成国家经济损失。②

可见，财政腐败不仅包含公职人员个人在财政行为上的腐败，还包含政府机构等为获取集体利益而出现的公共财政行为的失规现象。③ 之所以出现财政腐败现象，究其根源在于财政监督体系相关制

① 许正中，刘尧，赖先进．财政预算专业化制衡、绩效预算与防治腐败［J］．财政研究，2011（3）：34-37.

② 魏红，涂家铭．财政预算绩效管理与防治腐败探索［J］．财政监督，2014（13）：50-52.

③ 童家飞，王君．基于公共预算视角的财政反腐败研究［J］．青年与社会，2013（11）：5-6.

度的不完善，尤其是现代预算制度的不完善。故此，反财政腐败，预算是源头。

二、预算失规与预算腐败

财政是国家治理之基，预算是财政管理之柱。预算体现国家的战略和政策，反映政府的活动范围和方向，是推进国家治理体系和治理能力现代化的重要支撑，是宏观调控的重要手段。预算失规、失范，甚至违法，引发的后果是极其严重的。

所谓预算失规是指在公共预算的编制、核准、执行和监督过程中发生的违背预算的基本精神、基本规范和基本原则的行为。[①] 从理论上讲，预算失规会从两个方面助推腐败的滋生和蔓延。一是放松了对官员贪欲的管制，为官员直接攫取公共财政资源提供便利；二是助长政府规模和职能的膨胀，增加了官员寻租的机会，使贿赂公行。[②]

预算失规导致的腐败是一个世界性的现象。美、英、法等国都曾出现过类似的原因导致的腐败。以美国为例，在 1895 年至 1913 年间，就因预算监督缺位而造成大量的直接攫取公共财政资源的行为。那时，政府收支成了一笔“糊涂账”。其中，1909 年财政年度就有 5000 万拨款被浪费，占全年财政拨款总额 6.6 亿的 7.5%。到了 20 世纪六七十年代，由于长期实行赤字财政政策，财政规模过于膨胀，导致预算监督的效能大大降低，美国政府部门贪污贿赂风气盛行。美、英等国为建立防治此类腐败的基础性制度，都无一例外地从强化

① 郭剑鸣.“预算国家”：一项防治腐败的基本制度供给：基于 2008 年国家审计署审计公告的思考［J］. 人文杂志，2009（3）：74-82.

② 郭剑鸣.“预算国家”：一项防治腐败的基本制度供给：基于 2008 年国家审计署审计公告的思考［J］. 人文杂志，2009（3）：74-82.

预算编制、执行和监督入手，先后建立了预算国家制度。①

我国因预算漏洞而引发的腐败现象也不容小视。2008 年审计署对 49 个部门 2007 年度的预算执行情况的审计结果中，共发现 26 类预算失规现象，据不完全统计，上述各类涉嫌违规的资金高达 251.44 亿元。② 近年来，我国财政支出的规模快速扩张，由预算失规引发的腐败有进一步蔓延之势，预算失规已成为我国当前腐败滋生的一大引因。因此，建立完善的预算制度体系以预防腐败就显得更为迫切。

预算失规之弊可以从三个方面助长腐败行为的滋生：

一是大大增加了官员寻租的机会，使贿赂特别是商业贿赂之风炙热蔓延。由于虚报预算、挪用预算的现象比较普遍，一些地方和部门滋长了贪功冒进的工作作风，往往将本来没有条件上马、需要多年完成的项目提前上马、一起上马、超标上马，这样主管官员就可以广设租金。我国当前的工程项目贿赂问题多由此生。③

二是预算编制的漏洞和预算执行的随意性为贪污者开了方便之门。诸如不纳入预算管理、虚报预算、不细化预算、预算收入（含非税收入）不上缴之举，往往使人们难以弄清各部门每年的实际收支数，一些部门还存在长期挂账、延期不做决算、不按收支两条线管理等现象，造成“糊涂账”，令贪污者可以长期隐形、遁形，累积起越来越多的贪污大案、要案。④

三是普遍的预算外收支、挪用预算和自行调整预算用途等现象给一些公款送礼、买官要官和色情腐败分子以可乘之机。买官要官和

---

① 郭剑鸣.“预算国家”：一项防治腐败的基本制度供给：基于 2008 年国家审计署审计公告的思考［J］. 人文杂志，2009（3）：74-82.

② 郭剑鸣. 从预算公开走向政府清廉：反腐败制度建设的国际视野与启示［J］. 政治学研究，2011（2）：57-68.

③ 郭剑鸣. 公共预算约束机制建设与中国反腐败模式的完善［J］. 政治学研究，2009（4）：73-81.

④ 郭剑鸣. 公共预算约束机制建设与中国反腐败模式的完善［J］. 政治学研究，2009（4）：73-81.

色情腐败的资金来源大多与公款收支的漏洞有关。①

因而，预防预算腐败须从杜绝预算失规做起。

三、预算腐败透视

（一）与预算有关的腐败种类

2008 年审计署对 49 个部门 2007 年度的预算执行情况的审计结果公告显示，共 26 类预算失规现象，涉嫌违规的各类资金高达 251.44 亿元。中央各预算部门的预算执行情况要好于地方，由此可推断，地方各级政府和部门的预算资金违规情况更加严重。②

郭剑鸣指出，预算失规现象主要包括：不纳入预算管理；不及时清理结余预算；闲置预算；无预算支出经费；预算外收入；虚报预算；长期不办理决算；超预算使用经费；虚假报销、冒领、套取资金；不细化预算；挪用预算、公款（包括挤占公款和自行调整公款用途）；预算收入（包括非税收入）不上缴；向非预算单位或个人拨款；不按收支两条线管理；公款私存（包括账外存款和公款转移）、公房私租、违规收费；向非预算单位借款、盈利性投资；债务长期挂账；扩大开支范围或超范围支出；预算编制或申报不合理，导致大量资金结余；违规列支费用；决算不实，资产、收入少计或多计；等等。这些预算失规现象有的本身就是腐败行为，有的则成为孵化其他腐败行为的温床。③

---

① 郭剑鸣. 公共预算约束机制建设与中国反腐败模式的完善［J］. 政治学研究，2009（4）：73-81.

② 郭剑鸣.“预算国家”：一项防治腐败的基本制度供给：基于 2008 年国家审计署审计公告的思考［J］. 人文杂志，2009（3）：74-82.

③ 郭剑鸣.“预算国家”：一项防治腐败的基本制度供给：基于 2008 年国家审计署审计公告的思考［J］. 人文杂志，2009（3）：74-82.

他还分析了公共预算失规与腐败滋生的关联：一是直接以腐败形式出现的预算失规现象。有相当数量的部门在预算执行中直接攫取、侵吞公共财政资金，这类腐败形式主要包括：虚假报销、冒领、套取资金，不按收支两条线管理，公款私存（包括账外存款和公款转移）、公房私租、违规收费，超范围支出和违规列支费用，等等。二是存在大量孵化腐败行为的预算失规现象。主要表现为：①预算失规问题具有普遍性。接受审计的49个部门，再加上由财政部负责审计的审计署，均被发现有不同程度的预算违规行为。②预算意识差，从预算编制、预算收入入库，到预算支出和预算监管诸环节都存在较大的随意性。其中，不纳入预算管理、虚报预算、不细化预算、预算收入（含非税收入）不上缴、挪用预算和公款现象较为严重。③预算职能管理及相关部门的预算违规行为较为严重，对其他部门的预算编制和执行构成了不良导向。这些部门涉及财政部、审计署、税务总局、统计局、司法部、国家监察委员会（原监察部）、安监总局、发改委、国资委等。④预算外收支现象普遍，各部门对预算“二次分配”的自由裁量权大，破坏了国家预算编制和管理的集中统一性和严肃性。在被审计的49个部门中，均发现有不同程度的自行分配所属二级单位预算或不纳入部本级预算统一管理或自行调整预算用途等违规行为。发生此类违规的部门比例高、违规资金规模大。①

童家飞在《基于防治财政腐败的财政监督体系研究》一文中指出，预算失规所引发的腐败有如下类型：①预算编制粗糙导致腐败频发；②预算执行自由裁量化导致“违规用财”现象严重；③预算监督主体单一、趋于形式化成为腐败滋生的温床。②

---

① 郭剑鸣. 公共预算约束机制建设与中国反腐败模式的完善［J］. 政治学研究，2009（4）：73-81.

② 童家飞. 基于防治财政腐败的财政监督体系研究［D］. 杭州：浙江财经大学，2014.

（二）我国当前的预算失规与预算腐败

2023 年 6 月 26 日，在第十四届全国人民代表大会常务委员会第三次会议上，审计署审计长侯凯作了《国务院关于 2022 年度中央预算执行和其他财政收支的审计工作报告》[①]，他指出：“审计也发现一些问题。”

中央财政管理审计情况中的问题有：

①一般公共预算与其他预算边界不够清晰。预算管理改革要求建立定位清晰、分工明确的政府预算体系，强化四本预算统筹。但实际中，一般公共预算与其他预算边界仍待清晰。一是与国有资本经营预算支出交叉。一般公共预算、国有资本经营预算分别向 46 户央企安排支出 634.4 亿元、484.97 亿元。二是与政府投资基金投向重复。17 项转移支付与 6 支政府投资基金重复投向 94 户企业，共计 163.66 亿元。6 支政府投资基金及子基金间重复投向 50 户企业，其中 11 家获得 3 支及以上基金投资。②预算分配不够科学合理。一是部分政府投资基金未按要求聚焦解决融资瓶颈。中央财政至 2022 年底已设立 24 支政府投资基金，共募集资金 11148.89 亿元。其中 7 支未按政策要求聚焦解决中小企业融资难问题，投资的 876 户企业中有 118 户属于银行信贷优质客户、31 户为主板上市企业。二是转移支付清理整合还不到位。交叉重复问题依然存在。“文化产业发展专项资金”与“外经贸发展资金”均支持文化服务出口，抽查发现 3 户企业以相同服务贸易出口业务多头重复申请，分别获得补助资金 318 万元和 333.9 万元；同时，中央财政补助地方政府偿还二级公路债务任务于 2020 年完成后，每年 200 亿元的补助资金被调整用于补助地方普通

① 侯凯. 国务院关于 2022 年度中央预算执行和其他财政收支的审计工作报告：2023 年 6 月 26 日在第十四届全国人民代表大会常务委员会第三次会议上［EB/OL］.（2023-06-26）. https://www.audit.gov.cn/n5/n26/c10338025/part/10338039.pdf.

公路养护支出，与已有的“成品油税费改革”支出交叉重复。同类资金统筹使用力度不够。整合后的“高标准农田建设资金”仍由财政部和国家发展改革委同时安排，2022 年分别为 864.98 亿元、226 亿元。两部门未统一分配方法、资金使用要求等，加大了地方统筹整合使用的难度。三是部分转移支付和投资专项分配不科学不合理。共涉及财政部 30 项转移支付和国家发展改革委 29 项投资专项。分配方法不科学不精准，11 项转移支付分配时，存在基数固化等问题，导致分配结果不精准，涉及 416.17 亿元；22 项转移支付和 6 项投资专项分配时存在未严格按办法分配、扩大补助范围、增加审批环节等问题，影响公平；11 项转移支付和 4 项投资专项因基础数据不准确等，造成相关省份多分或少分资金 15.74 亿元。部分投资计划下达较慢。根据国家发展改革委投资计划草案，财政部于 3 月下达 1533 个中央本级项目 1110.57 亿元预算。但对其中涉及 550.49 亿元的 1263 个项目投资计划下达滞后，有的至 9 月底才下达，导致预算资金未能及时支出。对 21 个投资专项涉及的 656.96 亿元地方项目，投资计划下达不及时，有的延至年底，导致项目资金预算无法据以及时下达。投资专项计划下达与项目进度不匹配。向建设进度滞后、资金闲置的 5 个项目继续安排投资，已下达 31.63 亿元，至 2022 年底结转 21.16 亿元；向规划工期 2 年以上的 55 个项目一次性下达全部投资 41.39 亿元，至 2022 年底结转 26.84 亿元。③预算绩效管理较为薄弱。重点抽查了投资专项和部门预算项目绩效管理情况，主要发现 3 方面问题：绩效目标设置不合理，74 个项目存在绩效指标缺乏约束等问题。绩效运行监控乏力，37 个项目的 49 个绩效指标确定无法完成，却未及时提出督促改进要求。绩效评价结果及运用质量不高，36 个投资专项管理办法未明确或专门提出运用绩效评估结果；5 个项目绩效评价结果等级实际为“中”却评为“良”，也未按规定核减预算；27 个项目绩效评价结果出具较晚，无法用作下年度预算安排依据。

中央决算草案编报不够准确。主要是应于当年收缴的 5 家中央金融企业国有资本收益 39.88 亿元延至 2023 年上缴，导致收入少计 39.88 亿元。

地方财政管理不够严格。重点审计了 18 省本级及 36 个市县共 54 个地区的财政收支管理情况，并就共性问题延伸了其他地区。主要发现 4 方面问题：一是违规组织和返还财政收入。70 个地区通过“自卖自买”国有资产、虚构土地交易等方式虚增财政收入 861.3 亿元，其中 67.5% 发生在县级。41 个地区向亏损企业征收国有资本收益、征收过头税费或直接乱罚款乱摊派等，违规组织财政收入 77.5 亿元。还有 55 个地区违规或变相返还税收或土地出让金等 225.08 亿元。二是违规新增隐性债务。49 个地区通过承诺兜底回购、国有企业垫资建设等方式，违规新增隐性债务 415.16 亿元。三是专项债券管理存在一些问题。20 个地区通过虚报项目收入、低估成本等将项目“包装”成收益与融资规模平衡，借此发行专项债券 198.21 亿元。5 个地区将 50.03 亿元违规投向景观工程、商业性项目等禁止类领域；47 个地区违规挪用 157.98 亿元；5 个地区虚报 33 个专项债券项目支出进度，至 2022 年底有 60.27 亿元结存未用。四是财政暂付款亟待清理。财政暂付款一般由财政临时出借给预算单位应急等，按规定不得长期挂账，应及时清理结算。财政部于 2018 年要求严控规模、逐步清理，但 54 个地区至 2022 年底暂付款余额达 1481.39 亿元，比上年增加 83.63 亿元。还有 13 个地区暂付款占用专项转移支付或专项债券资金 86.47 亿元，部分用于无预算、超预算政府支出；6 个地区违规向企业出借资金 281.81 亿元。12 个地区不得不从上级超预算额度调拨库款、由银行垫款或对外借款 280.72 亿元来维持基本运转。

中央部门预算执行审计情况中的问题有：

利用部门职权或行业资源违规牟利、收费或转嫁摊派 6.19 亿元。29 家所属单位通过将依政策获取的业务转包、利用特许经营权与外部企业合作、出借资质证书帮助其他单位承揽业务等方式违规牟利或收费 5.58 亿元；3 个部门和 7 家所属单位违规举办评比表彰或论坛庆典、利用部门影响力等收费或转嫁摊派 3176.51 万元；5 家所属单位违规举办培训班、合作办学或远程教育等收费 2937.23 万元。

依法理财依规决策意识不强。13 家所属单位将培训费、资产处置收入等 4.36 亿元长期账外存放或核算形成“小金库”，2 个部门和 8 家所属单位以虚列支出等方式套取资金 8079.67 万元，其中 471.85 万元被用于吃喝、送礼等或涉嫌个人侵占。3 个部门和 29 家所属单位铺张浪费，有的多花费 2700 多万元租用办公场所致人均办公面积达 137 平方米；有的超合同进度年底突击花钱 8458.07 万元。17 家所属单位违反行业规定等开展业务或违规决策，造成损失（风险）4.31 亿元。25 家所属单位违规发放津补贴或承担应由个人支付的商业保险等费用 8795.66 万元。5 家所属单位 100 名领导干部违规持股或兼职取酬 3578.39 万元。

公务用车管理制度落实还需加强。2 个部门和 3 家所属单位无偿占用、换用下级单位公车或违规出借 23 辆；2 个部门和 9 家所属单位超编制、超标准配备公车 36 辆；34 家所属单位仍未完成公车改革，涉及公车 55 辆。

《2022 年度审计工作报告解读》指出：一年来，共发现并移送重大违纪违法问题线索 300 多起，共涉及 1800 多人。通过对重大问题线索逐条梳理，深入剖析出相关违纪违法问题的 4 个特征：一是行业性、系统性腐败突出，资金密集、资源富集领域是重灾区，二是政商关系边界不清，公器私用问题凸显，三是基层“微腐败”和“小官大贪”时有发现，啃食群众获得感，四是财经纪律执行松弛，扰乱财经秩序。①

侯凯在《国务院关于 2022 年度中央预算执行和其他财政收支的审计工作报告》中还着重指出：要强化预算绩效管理。将落实党中

① 坚持党中央集中统一领导 更好发挥审计在推进党的自我革命中的独特作用：2022 年度审计工作报告解读［EB/OL］.（2023-06-26）. https：//www. audit. gov. cn/n4/n19/c10337949/content. html.

央、国务院重大决策部署作为预算绩效管理重点，加强对新出台重大政策、项目事前绩效评估。完善细化绩效指标体系，改进绩效自评，将绩效评价结果作为制定政策、安排预算的重要依据。①

四、公共财政预算领域出现腐败现象的成因

何以财权集中的部门容易腐败和被腐败？关键一点在于我国的预算编制—审批—执行—监管过程中存在诸多漏洞，比如预算编制不细化、预算审议时间仓促、预算变更比较随意、预算收支账户管理不严、预算监管相对滞后等，为腐败和被腐败的行为提供了便利条件。②

我们认为，预算失规、公共财政腐败的成因在于预算监督与公共财政监督制度的缺失、反腐败立法的缺位。推进公共财政绩效预算反腐败立法，推进公共财政反腐败立法，才是应对预算领域腐败、公共财政领域腐败的治本之策。

① 侯凯. 国务院关于2022年度中央预算执行和其他财政收支的审计工作报告：2023年6月26日在第十四届全国人民代表大会常务委员会第三次会议上［EB/OL］.（2023-06-26）. https：//www. audit. gov. cn/n5/n26/c10338025/part/10338039. pdf.

② 郭剑鸣. 治吏与治财整合式反腐：深化我国反腐败工作的基本进路：基于我国近年来千万元以上贪腐大案多发趋势的思考［J］. 探索，2011（6）：59-64.

第二章 绩效预算：防治公共财政腐败的逻辑与理论研究

一、概念辨析

（一）绩效预算与预算绩效管理

预算是具有法律效力的政府收支计划。绩效是对工作行为和结果的考核和度量。由于绩效信息对预算决定的影响程度不同，出现了绩效预算和预算绩效两个概念。

1. 绩效预算

绩效预算是以绩效为核心的预算。

绩效预算理念最早出现在1907年美国纽约市政研究局提供的《改进管理控制计划》报告中。20世纪50年代，“绩效预算”这个概念首次由美国胡佛政府正式提出。

西方的绩效预算理论和改革实践可分为两个时期。第一个时期在20世纪五六十年代，主要由行政主导，但因改革未能得到立法机构的支持而被迫终止；第二个时期开始于20世纪80年代末，因得到立法机构的支持且影响较广而持续至今，这个时期的绩效预算也被国内学者称为“新绩效预算”，便于同第一个时期的概念相区别。[①]本书提及的西方绩效预算均为第二阶段的概念。

关于绩效预算，并没有一个统一的定义，比较有代表性的主要有以下几种观点。

国际组织的定义。经济合作与发展组织（OECD）将绩效预算定义为：系统地使用绩效来为预算决策提供信息，使绩效成为预算决策的直接因素或背景因素。[②] OECD 根据发达国家的绩效预算实践，将绩效预算分为三种类型：一是专业绩效预算，简单地将绩效信息列入预算报告文件中；二是间接绩效预算，在预算审议过程中使用绩效信息，但在决策中不赋予任何预先确定的权重；三是直接绩效预算，它根据绩效信息分配资源。世界银行（World Bank）认为，绩效预算试图将有关政府活动的效率信息整合到预算过程中，以便在预算过程中可以更多考虑政府“做了什么”和“花费多少”之间的关系。[③] 国际货币基金组织（IMF）则认为，绩效预算通过将公共部门资金与其交付结果联系起来，从而系统地使用绩效信息来提高公共支出的效率和有效性。[④]

西方国家政府的定义。很多国家将绩效预算定义为显示每个支出机构的产出或服务的预算体系，少部分国家的绩效预算系统会将每一预算资源的增量与每一产出的增量或结果的变化相联系。美国早在进步时代预算改革时期就已出现预算绩效的思想理念，例如强调政府应该“有效率地运用资源来实施通过的项目”。正式提出预算绩效概念是在 20 世纪 50 年代的美国，根据美国总统预算局的定义：

---

① 赵早早，何达基. 中国预算绩效管理的双重内涵：绩效预算理论“中国化”的创新、发展与反思［J］. 财政研究，2023（2）：32-42.

② OECD. Glossary：2018 OECD performance budgeting survey［R］. Paris：OECD，2018.

③ World Bank. Public expenditure management handbook［R］. Washington，D. C.：World Bank Group，1998.

④ ROBINSON M，LAST D. A basic model of performance-based budgeting［R］. Washington，D. C.：International Monetary Fund，2009.

"预算绩效是这样一种预算，它提交所需资金的使用目的和目标，提议用来实现这些目标的项目成本、测量每个项目成绩和已经完成工作情况的定量数据。"[①] 美国管理与预算办公室认为，绩效预算是一种预算与绩效结合的新模式，首先要阐明预算拨款所要达到的目标，并为实现其目标而拟订计划，对所需要资金作出安排，在实施每项计划的整个过程中，采用相关的量化指标去衡量其取得的成绩和完成工作情况。[②] 美国预算委员会将绩效预算界定为在预算申请、批准、执行和审计评估等过程中，相关计划、目标和绩效的信息被纳入支出决策。[③] 瑞典的决策部门认为，绩效预算并不是单纯的一些措施或方法，而是一个非常广义的概念，绩效管理的目的是实现成效和效率，成效是指应该做的事，效率是指要合理、高效地做事。澳大利亚政府认为，绩效预算是关于政府行政活动的资金支持体系的一种评价模式，具体包括：明确政府要做什么事，为政府所做的事配置预算资源，以结果为中心制定绩效目标，确定评价目标实现状况的标准，建立绩效评价的指标体系，等等。[④]

不同机构对绩效预算的定义不尽相同，但均体现了绩效信息与预算资金分配相结合的特征。[⑤] 归纳起来，这些定义的核心是将资源分配、预算安排围绕支出绩效来进行，以产出和结果作为绩效评价的内容和预算拨款的依据。一般认为，绩效预算是一种以结果为导向的预算管理方式，符合新公共管理所倡导的理念，适应了政府部门改革的需要，并融入市场经济的一些概念，将政府预算建立在可衡量的绩

① 马骏，赵早早. 公共预算：比较研究［M］. 北京：中央编译出版社，2011：310.

② 王莉莉. 中国政府预算绩效管理制度优化与国际经验借鉴研究［D］. 保定：河北大学，2019.

③ 王莉莉. 中国政府预算绩效管理制度优化与国际经验借鉴研究［D］. 保定：河北大学，2019.

④ 王海涛. 我国预算绩效管理改革研究［D］. 北京：财政部财政科学研究所，2014.

⑤ 马蔡琛，赵笛. 预算和绩效管理一体化的实践探索与改革方向［J］. 经济与管理研究，2022（3）：89-98.

效基础上，以提高财政支出效率，改进公共服务质量。① 具体来讲，就是对政府职能部门按照所要达到的目标分配财政资金，并运用合理、规范的评价指标，对财政资金的使用结果、目标的完成情况和取得的效果进行评价并报告的一种预算管理模式。②

绩效预算是以结果为导向的预算管理模式。对于绩效预算而言，因其侧重于绩效信息对资金分配决策的影响，故而体现了绩效对于预算的先导性作用，呈现出绩效“先于”预算的特征。③

绩效预算作为新公共管理运动的核心组成部分，是世界预算改革发展的国际趋势，对提高预算支出的效率起到了重要的推动作用。

从理论上讲，绩效预算与传统预算管理的不同之处在于，在预算编制、批准和执行中以绩效信息为主要决策依据，以结果为导向，用绩效信息来分配预算资源，并通过问责强化绩效目标的落实。

2. 预算绩效

预算绩效就是将绩效融入预算，它是我国财政部结合财政管理水平提出来的，具有中国特色。预算绩效是指预算资金所达到的产出和结果，强调政府预算支出与所获得的有效公共服务的对比关系。它主要从两个方面来反映：一是产出，反映主观的努力情况，即是否按期实现了预先设定的目标，主要任务是否完成，做了哪些工作；二是结果，反映政府预算活动带来的客观后果和影响，即完成任务的效率、资金使用的效益、预算支出的节约等。④ 预算绩效是在现阶段财政管理方式下引入的一种新型预算机制，将绩效理念和方法逐步渗入预算管理的各个阶段，以取代传统的预算管理模式，待时机成熟时将政策予以制度化，成为一种利益相关方遵守的正式规则。预算绩效

---

① 中华人民共和国财政部预算司．中国预算绩效管理探索与实践［M］．北京：经济科学出版社，2013：4.

② 王海涛．我国预算绩效管理改革研究［D］．北京：财政部财政科学研究所，2014.

③ 马蔡琛，赵笛．预算和绩效管理一体化的实践探索与改革方向［J］．经济与管理研究，2022（3）：89-98.

④ 董宏波．预算绩效管理与绩效预算［J］．山西财税，2013（8）：9-11.

是指通过对资金的绩效管理来衡量资金投入和产出结果，以此作为政府绩效的一种表现方式，它本质上所反映的是各级政府各部门的工作绩效，绩效信息在预算资源分配中发挥的作用是辅助性的。①

3. 预算绩效管理

预算绩效管理这一概念，由中国实践创立并被各界广泛使用。

绩效管理是管理者通过有效的绩效衡量标准和有用的绩效信息，在效率、有效性和问责性方面实现绩效目标的一系列活动。包含绩效目标、绩效监控（跟踪）、绩效评价及其结果应用等四个环节。预算绩效管理使政府预算建立在可衡量的绩效基础上，根据绩效目标制定预算分配方案，监测预算实施情况，评价预算施行结果，并将评价结果与绩效目标比较，关注支出成本和预期绩效成果的比较。

高志立将其理解为，预算绩效管理是在预算管理尚未完全法制化、规范化的背景下，引入预算管理理念和方法，通过逐步建立贯穿预算编制、执行、监督全过程的预算绩效管理机制，规范预算管理、提升财政资金使用绩效。②

财政部2011年的416号文指出："预算绩效管理是一个由绩效目标管理、绩效运行跟踪监控管理、绩效评价实施管理、绩效评价结果反馈和应用管理共同组成的综合系统。"③

2011年7月，财政部发布《关于推进预算绩效管理的指导意见》（财预〔2011〕416号），明确指出："预算绩效管理是政府绩效管理的重要组成部分，是一种以支出结果为导向的预算管理模式。它强化政府预算为民服务的理念，强调预算支出的责任和效率，要求在预算编制、执行、监督的全过程中更加关注预算资金的产出和结果，要求

① 靳光玫，陈原. 预算绩效管理理论研究与案例解读［M］. 长春：吉林大学出版社，2022：3-4.

② 高志立. 从"预算绩效"到"绩效预算"：河北省绩效预算改革的实践与思考［J］. 财政研究，2015（8）：57-64.

③ 中华人民共和国财政部预算司. 中国预算绩效管理探索与实践［M］. 北京：经济科学出版社，2013：195-200.

政府部门不断改进服务水平和质量，花尽量少的资金、办尽量多的实事，向社会公众提供更多、更好的公共产品和公共服务，使政府行为更加务实、高效。……对于加快经济发展方式的转变和和谐社会的构建，促进高效、责任、透明政府的建设具有重大的政治、经济和社会意义。”①

从上述表述可以发现，预算绩效管理包含以下内涵。

第一，将预算绩效管理看作一种预算的理念。从这一层面而言，预算绩效管理注重效率意识，将绩效置于十分重要的位置，注重支出责任意识和产出意识，通过多种方法提高资金的使用率。

第二，将预算绩效管理看作一种技术工具。预算绩效管理注重预算管理、绩效管理的改进和完善。并且将技术融入具体的预算管理中，从而充分发挥技术方法在绩效管理中的重要作用。

第三，将预算绩效管理看作一种全过程机制。预算绩效管理对预算过程管理十分重视，并在结果导向的基础上实施管理。同时，将与预算相关的编制、执行、监督等融入预算闭环中，从而保证管理的全面性。最终实现对预算的全过程管理。

第四，预算绩效管理是一种创新的预算管理模式，在本质上仍是预算管理，利用绩效管理理念、绩效管理方法等对现有预算管理模式进行创新与提升，是一个有机融合、全面衔接的全新预算管理模式，旨在强调资金使用效益，增强预算支出效率，实现资源的优化配置，提高财政管理水平。②

2018 年，中共中央、国务院印发《关于全面实施预算绩效管理的意见》，首次以中共中央文件、国务院文件的形式提出“预算绩效管理”概念。预算绩效管理，作为中国的一个政策性概念，反映了

① 中国财政年鉴编辑委员会. 中国财政年鉴：2017 年卷［M］. 北京：中国财政杂志社，2017：64.

② 马海涛，曹堂哲，王红梅. 预算绩效管理理论与实践［M］. 北京：中国财政经济出版社，2020：13.

中国预算管理制度创新中所具有的本土化特征，也体现出与西方语境中“绩效预算”概念的差异。这种差异与概念产生的过程密切相关。[①]

（1）概念的缘起：顺应政府预算管理改革。[②]

20世纪90年代中后期，随着中国分税制财政体制的确立、《中华人民共和国预算法》的颁布实施，以及中国推动以部门预算改革为代表的一系列预算实践，传统的“基数法”预算编制方法逐渐显现诸多弊端，已不能适应发展要求，更与现代预算管理制度要求相去甚远。[③] 于是，从21世纪初期开始，中国各级政府自发学习绩效预算理论与方法，并将其引入预算管理实践，以渐进改革思路推进实施。目前都还在不断地尝试和完善中。

2003年，党的十六届三中全会通过的《中共中央关于完善社会主义市场经济体制若干问题的决定》，第一次明确提出“建立预算绩效评价体系”。

2004年和2005年，财政部先后印发《中央经济建设部门项目绩效考评管理办法（试行）》和《中央部门预算支出绩效考评管理办法（试行）》，推动中央层面试点，并鼓励地方试点。

2011年，财政部发布《关于推进预算绩效管理的指导意见》，正式提出将绩效管理的理念贯穿政府预算编制、执行、监督全过程，以实现绩效管理与预算管理的有机结合。同时，推动将绩效理念和评价的方法从项目执行的事后评价，扩展至项目绩效目标的编制，并将绩效评价结果或绩效监督工作纳入预算监督范畴。[④]

---

① 赵早早，何达基. 中国预算绩效管理的双重内涵：绩效预算理论“中国化”的创新、发展与反思［J］. 财政研究，2023（2）：32-42.

② 赵早早，何达基. 中国预算绩效管理的双重内涵：绩效预算理论“中国化”的创新、发展与反思［J］. 财政研究，2023（2）：32-42.

③ 马蔡琛，赵早早. 新中国预算建设70年［M］. 北京：中国财政经济出版社，2020：156-158.

④ 中华人民共和国财政部预算司. 中国预算绩效管理探索与实践［M］. 北京：经济科学出版社，2013：75-83.

（2）概念形成的过程与政府绩效管理改革的大背景密切相关。[①]

2008 年，党的十七届二中全会通过的《关于深化行政管理体制改革的意见》指出，推行政府绩效管理和行政问责制度，建立科学合理的政府绩效评估指标体系和评估机制。

2011 年，财政部在《关于推进预算绩效管理的指导意见》中提出“预算绩效管理是政府绩效管理的重要组成部分”。

2017 年党的十九大报告明确指出“建立全面规范透明、标准科学、约束有力的预算制度，全面实施绩效管理”，预算绩效评价与管理在政府预算管理领域获得了更强的政治支持。

2018 年，中共中央、国务院印发《关于全面实施预算绩效管理的意见》（以下简称《意见》），进一步深化了绩效导向的预算管理改革，这是预算绩效管理改革中里程碑式的文件。在《意见》的指导下，预算绩效管理理念继续围绕财政支出端发力，并在以下三个方面得以发展：第一，利用绩效理念管理的或纳入绩效评价的财政资金类型拓展。第二，预算绩效管理对象从单一的财政支出项目向具体的政府管理行为扩展。如，2018 年财政部印发《关于推进政府购买服务第三方绩效评价工作的指导意见》，要求各级财政部门将绩效管理贯穿政府购买服务全过程。第三，预算绩效管理和评价的制度建设不断优化。

2020 年、2021 年，财政部先后印发《项目支出绩效评价管理办法》《中央部门项目支出核心绩效目标和指标设置及取值指引（试行）》，成为指引各类型财政资金开展绩效评价的重要参考文件，文件明确推进成本效益方法在绩效评价中的广泛应用，并将成本指标从二级指标变为一级指标，要求中央部门在 2023 年的基建工程类项目预算编报中，必须设立成本指标。

① 赵早早，何达基. 中国预算绩效管理的双重内涵：绩效预算理论“中国化”的创新、发展与反思［J］. 财政研究，2023（2）：32-42.

（3）概念的发展也与人大预算绩效监督意识的觉醒密切相关。

中国地方人大对政府预算的监督逐步转向实质性监督，[①] 这为推进预算绩效管理改革提供了必要条件。全国人大颁布有关法规，逐步扩大和增加政府报送绩效评价结果或报告的范围和内容。

随着地方各级人大在预算绩效监督职能方面的经验逐渐累积，党的十九大以来，全国人大及其常委会也增强对各级人大预算绩效监督机制建设的指导，先后发布多份推进各级人大加强预算绩效监督工作的指导性文件。

2017 年，全国人大常委会办公厅印发《关于推进地方人大预算联网监督工作的指导意见》，提出对重点专项资金的执行进度和使用绩效等情况进行重点监督。

2018 年中共中央办公厅印发《关于人大预算审查监督重点向支出预算和政策拓展的指导意见》，强调要提高和增强财政资金使用绩效和政策实施效果。

2020 年全国人大常委会办公厅印发《关于进一步加强各级人大常委会对审计查出突出问题整改情况监督的意见》，提出对审计查出的突出问题，着重从绩效评价等环节，督促查找原因、跟踪监督整改。

2021 年修订的《全国人民代表大会常务委员会关于加强中央预算审查监督的决定》，明确提出加强预算绩效的审查监督工作，将重要绩效评价结果与决算草案同步报送全国人民代表大会常务委员会审查；全国人民代表大会常务委员会加强对重点支出和重大项目绩效目标、绩效评价结果的审查监督；必要时，召开预算绩效听证会。

在此背景下，各级政府向人大及其常委会报告并向社会公开的预算绩效信息数量也逐年增长。这对于持续推进政府部门不断完善

① 马骏，林慕华. 中国城市“钱袋子”的权力：来自 38 个城市的问卷调查［J］. 政治学研究，2012（4）：111-125.

预算绩效管理制度起到了非常积极的作用。[①]

4. 全面预算绩效管理

继党的十九大上提出“全面实施绩效管理”后，中共中央、国务院在2018年印发了《关于全面实施预算绩效管理的意见》（以下简称《意见》），将预算绩效管理的范围在全过程的基础上，又扩大到用全方位、全覆盖，完整地用全方位、全过程和全覆盖来诠释“全面”的含义。《意见》中指出，全过程是各部门各单位建立包括绩效评估机制、绩效目标管理、绩效运行监控、绩效评价和结果运用等的管理链条；全方位是将各级政府收支预算、部门和单位预算收支、政策和项目全部纳入绩效管理；全覆盖是建立一般公共预算绩效管理体系，除了一般公共预算，还将政府性基金预算、国有资本经营预算、社会保险基金预算全部纳入绩效管理。

施青军总结了全方位、全过程和全覆盖三者之间的关系，即全过程是基础与核心，它全面贯穿于全方位和全覆盖，并提出应制定制度和实施细则，完善预算绩效各环节的管理流程，建立全过程预算绩效管理体系。[②] 国内部分学者虽然也对“全面”展开了解释，但主要侧重于解读如何实施。因此，全面实施预算绩效管理战略的重点，不仅是对“全面”的界定，也是对“实施”的探索。通过规范预算绩效管理，将政策制度化、简单化和可操作化，是向绩效预算进一步靠拢的具体措施要求。

5. 绩效预算与预算绩效管理的关系

从概念上来看，预算绩效管理在预算管理法治化早期，逐步运用绩效管理的理念和方法贯穿于预算的编制、审议、执行、监督全过程。绩效预算则是在预算管理高度规范化后，给予行政机关资金使用

---

① 赵早早，何达基. 中国预算绩效管理的双重内涵：绩效预算理论“中国化”的创新、发展与反思［J］. 财政研究，2023（2）：32-42.

② 施青军. 从“三个全面”的关系探求全面实施预算绩效管理具体路径［J］. 中国行政管理，2018（11）：11.

自由裁量权，并建立起问责制度。相较而言，绩效预算是预算绩效管理的更高级的版本，预算绩效管理是实施绩效预算的阶段性路标。在实施条件上，绩效预算的实施需要制度的支撑，只有在预算执行偏差小、内部控制系统完善、员工具备较高的专业技能以及较强的公民参与意识的条件下，才能实现预算民主。这也解释了为何高效率的政府更容易推行绩效预算。除了政府内部的运行效率，在外部条件上，绩效信息质量、财政支出部门能力、政治经济环境也会对绩效预算实施效果产生较大影响。可见，绩效预算实际操作的难度远高于理论研究。相较而言，预算绩效管理更适合预算制度有待完善的新兴经济体。① 我国尚处于预算绩效管理向绩效预算过渡阶段。②

（二）中期预算与绩效预算

1. 中期预算

中期预算是一个为期 3 至 5 年的、滚动的、具有约束力的预算框架，核心是统筹自上而下确定的资源总量与自下而上确定的支出项目，将国家整体战略规划、预算、部门事业发展计划有机结合起来，确保预算与国家整体战略规划相适应且有效控制支出，以及预算资源配置和部门事业发展计划相一致，充分反映政策目标的优先性。③ 广义的中期预算一般被称为中期支出框架，具体包括三个阶段：中期财政框架、中期预算框架与中期绩效框架。

2. 中期预算与绩效预算的关系④

如前所述，绩效预算是“要求对政府机构的使命、目的和目标

---

① 马蔡琛，苗珊. 预算绩效管理的若干重要理念问题辨析［J］. 财政监督，2019（19）：29-37.

② 陈婷. 我国预算绩效监督法律问题研究［D］. 南京：中共江苏省委党校，2020.

③ 澳大利亚中期预算和绩效预算管理的启示［J］. 预算管理与会计，2015（9）：41-44.

④ 孙琳，楼京晶. 中期预算和绩效预算改革路径选择：以英国和俄罗斯为例［J］. 复旦学报（社会科学版），2016，58（6）：129-141.

进行战略性规划，是一个采用可量化数据、提供项目结果有意义的信息的过程，是一种明确将每一项资源的增加与产出或其他成效的增长相联系的预算"①。根据预算系统对绩效信息的不同使用程度，绩效预算包括报告型绩效预算、信息型绩效预算、基础型绩效预算、决定型绩效预算等内容。②

从中期预算和绩效预算的定义和分类中可知，无论是在预算管理质量要求方面，还是在预算编制的价值取向方面，当前各国的预算管理改革之理论探索和实务进程都取得了长足的进步。中期预算和绩效预算不但加快了预算管理改革的步伐，还极大地提升了现代政府治理水平。

中期预算和绩效预算是在新公共管理运动的背景下出现的，既存在紧密的联系，也存在一定的区别。两者之间的区别主要表现在实施的周期和侧重点有所不同。作为一个以 3 至 5 年（有些国家更长）为滚动期间的预算框架，中期预算的编制方式一般分为三类：①以报告年度为基础年份的滚动方式，将 3 到 5 年期的预算计划与年度预算合并为一个整体；②以报告年度为中心，将其扩展；③在年度预算中增加中期预算元素，对一些重点项目做重点反映。其中，后面两类是向第一类编制方式的过渡，③ 而绩效预算一般是以"年"为绩效评价周期居多。④ 此外，中期预算的实施侧重点是在预算的约束和规划的

① MELKERS J, WILLOUGHBY K G. Models of performance-measurement use in local governments: understanding budgeting, communication, and lasting effects [J]. Public Administration Review, 2005, 65 (2): 180-190.

② 报告型绩效预算，这种模式下绩效信息只是作为绩效报告的一部分内容，但预算决策者并不利用这些信息做决策；信息型绩效预算，这种模式下项目的绩效信息对资金分配有影响，但影响很小；基础型绩效预算，这种模式下绩效信息对资源分配有重要的影响，但并不一定直接影响资金分配数量；决定型绩效预算，这种模式要求把绩效信息直接精确地应用于资金分配决策。参见 SHAH A, SHEN C. A Primer on performance budgeting [R]. Washington, D. C.: World Bank Group, 2006.

③ 白彦锋. 建立中期预算框架的国际比较与借鉴 [J]. 中央财经大学学报, 2009 (9): 7-11+22; 世界银行. 超越年度预算：中期支出框架的全球经验 [M]. 财政部综合司, 译. 北京：中国财政经济出版社, 2013.

④ 王海涛. 我国预算绩效管理改革研究 [D]. 北京：财政部财政科学研究所, 2014.

背景下实现国家的政策目标，更强调预算管理的时间框架和空间范畴；绩效预算的实施侧重点则在于“在绩效与预算分配管理之间建立强有力的联系”①，更强调预算管理中项目运作和资金使用的因果关系。

二者之间也有许多相似之处。首先，中期预算与绩效预算的目标设定一致。作为政府筹集、分配和管理财政资金及宏观调控的重要工具，中期预算的关键性目标包括财政纪律、配置效率和技术效率。②在关键目标实现的过程中，首先需要在宏观层面（支出、收入、债务、赤字或盈余总量）建立起严格的财政纪律；同时，在中观层面（预算资源在部门间和项目间）建立有效的优先性配置机制。只有实现以上目标，才能改进运营绩效（即改进技术效率）。③ 中期预算的“技术效率”目标旨在将预算重点从投入转移至产出；④ 类似地，绩效预算也强调将资源与产出相联系，要求投入对产出负责，从而达到与政府战略规划的相匹配，将有限的资源投入到更有意义的项目中。⑤

其次，中期预算和绩效预算对技术基础和实施条件的要求较为一致。中期预算的技术基础是对未来的收支进行估测，⑥ 这要求更为客观的数据支持和科学的权责发生制会计体系及电子平台的运用；⑦

---

① ROBINSON M. Best Practice in Performance Budgeting [Z]. Discussion Papers in Economic, Finance and International Competitiveness, Queensland University of Technology, Brisbane, Queensland, 2002.

② 财政纪律，表现为总体财政平衡；配置效率，表现为根据战略重要性进行资源配置；技术效率，表现为有效地使用资源。参见王雍君. 中国的预算改革：引入中期预算框架的策略与要点 [J]. 中央财经大学学报，2008 (9)：1-5.

③ 白彦锋，叶菲. 中期预算：中国模式与国际借鉴 [J]. 经济与管理评论，2013，29 (1)：76-85.

④ 世界银行. 超越年度预算：中期支出框架的全球经验 [M]. 财政部综合司，译. 北京：中国财政经济出版社，2013.

⑤ 马骏. 新绩效预算 [J]. 中央财经大学学报，2004 (8)：1-6.

⑥ 李燕，白彦锋，王淑杰. 中期预算：理念变革与实践 [J]. 财贸经济，2009 (8)：53-57.

⑦ KIM J, Park N. Performance Budgeting in Korea [J]. OECD Journal on Budgeting, 2008, 7 (4): 1-11.

西方国家的实践也证明，以上技术基础既是政府绩效评价的前提，也是绩效预算能够正常运行的条件。① 实践证明，通过相应的技术基础和实施条件的构建，中期预算和绩效预算更能增进各预算参与者之间的联系，在效率与效益方面改善公共管理，促使更多有信息依据的预算决策产生，② 改进政府支出的优先顺序。③

最后，中期预算和绩效预算相结合，呈现出综合的政府治理效应。王雍君认为，20 世纪 90 年代以来发展起来的中期预算汲取了“规划—计划—预算系统（PPBS）”的优点，同时与绩效预算相结合，有望更好地实现预算的所有目标。④ 在中期预算和绩效预算协同改革的实证研究中，Afiah、Rusmana 通过对印度尼西亚和埃塞俄比亚的相关改革分析认为，中期支出框架与绩效预算的实施有高度相关性，且两者的结合实施能够显著提高地方政府的财政绩效水平；⑤ Yimer 认为通过在中期框架中引入绩效信息，可建立一套公共财政管理绩效评估框架，加强绩效控制。⑥ 有学者在对非洲六个地区进行的案例研究中同样发现，如果仅仅是单一地采用绩效预算，没有辅之以中期预算，则改革结果都不是特别理想。⑦ 在对以澳大利亚为代表的发达国家中期预算和绩效预算管理的研究中，有学者认为，绩效预算

---

① 张宇蕊. 预算绩效评价体系及其在我国预算支出管理中的运作研究［D］. 长沙：湖南大学，2005.

② SHAH A, SHEN C. A Primer on Performance Budgeting［R］. Washington, D. C.: World Bank Group, 2006.

③ ROBINSON M, LAST D. A Basic Model of Performance-based Budgeting［R］. Washington, D. C.: International Monetary Fund, 2009.

④ 王雍君. 中国的预算改革：引入中期预算框架的策略与要点［J］. 中央财经大学学报，2008（9）：1-5.

⑤ AFIAH N N, RUSMANA O. The Impact of Budgeting Approaches on the Budgeting Implementation and Local Governance（Study in Indonesia）［J］. World Journal of Social Sciences, 2014, 4（3），1-11.

⑥ YIMER M. Medium Term Expenditure and Budgetary Practices in Ethiopia［J］. International Journal of Economic and Business Management, 2015, 3（4）：23-38.

⑦ FÖLSCHER A. Country Experience With Programme and Performance Budget Reforms: 6 Mini Case Studies［Z］. Seminar Papers in the 8th CABRI Annual Seminar: Budgeting for Results: Moving Towards Performance Budgeting, Centurion, Tshwane, 2012.

应与中期财政规划管理衔接，给予部门预算管理的灵活性和自主性，使绩效目标、预算资源与绩效指标紧密结合。[①]

对概念的辨析，为我们更为准确地使用概念、深入探讨奠定了基础。

二、作为防治公共财政腐败利器的绩效预算的理论基础概述

（一）平衡财政理论[②]

现代经济学派之父亚当·斯密的平衡财政思想为预算国家的思想奠定了基石。它阐明了一个真正按预算收支的国家必须遵循的三条原则：一是节俭原则（财政责任原则）。斯密认为家庭收支与国家收支具有相似性，因而“每个私人家庭的节俭行为，在一个国家也是可能做到的”[③]。二是合理原则（平衡原则）。他强调：“公共预算如果没有盈余，那至少也必须平衡，只有在非常特殊的情况下才容许出现赤字”[④]。三是纳税人监督原则。他指出：“只要一个人面临着政府的税收账单，他同时就可以公开地对政府开支的各种议案进行合理的评价。……有效的民主政府要求制度的安排能够使得公民考虑到政府费用开支和收益，并且同时按这样来做。”[⑤] 这一原则同时隐

---

① 王宏武. 澳大利亚中期预算和绩效预算管理的启示［J］. 财政研究，2015（7）：103-106.

② 郭剑鸣. 预算国家的思想发展、制度意蕴及其建设路径［J］. 学习论坛，2009（3）：51-54.

③ 亚当·斯密. 国民财富的性质和原因的研究：下卷［M］. 郭大力，王亚南，译. 北京：商务印书馆，1972：383.

④ 布坎南，瓦格纳. 赤字中的民主［M］. 刘廷安，罗光，译. 北京：北京经济学院出版社，1988：10.

⑤ 布坎南，瓦格纳. 赤字中的民主［M］. 刘廷安，罗光，译. 北京：北京经济学院出版社，1988：12.

含着预算国家的一个要义——受监督并得到切实执行的收支计划。1915 年，现代预算专家克里夫兰对该要义进行了阐发。他认为政府的预算计划应标明政府支用该预算活动的详细信息，以便代议机构审批。这些思想将原本单纯的政府收支计划与政府职能活动计划联系起来，将原本由政府主拟预算或形式上由议会审查推进到政府预算须接受公民和议会的实质监督与审批的高度。由此，确立起预算国家制度的基本精神，这一制度蕴含着抑制腐败的“基因”。[①] 正如布坎南和瓦格纳所说的那样，“这种财政制度（古典财政制度）的重要性就在于它对所有人的肆意挥霍具有强制约束的作用，包括公众和代表公众行动的政治家”[②]。

（二）公共选择理论

公共选择理论是运用经济分析方法来研究政府决策的方式和过程的理论，其核心是用经济学的方法来阐述市场经济条件下政府干预行为的局限性与政府失败问题。布坎南在《公共选择理论》一书中指出，“公共选择是用检查市场经济缺陷和不足的方法研究政府和公共经济部门一切行为的方式和方法”。公共选择理论认为政府失灵、预算膨胀、政府低效率等问题的根源在于存有缺陷的政治程序和预算过程。公共选择理论提出了分权、竞争和开放信息等政策主张，推动了包括绩效预算制度改革在内的政府改革的深入发展。绩效预算改革以“目标导向”“自主权下移”和“对结果负责”为特征，这也是与公共选择理论的政策理念一脉相承的，公共选择理论的提出与绩效预算改革的发展有着内在的逻辑关系和历史渊源。同时，公

① 郭剑鸣. 预算国家的思想发展、制度意蕴及其建设路径［J］. 学习论坛，2009（3）：51-54.

② 布坎南，瓦格纳. 赤字中的民主［M］. 刘廷安，罗光，译. 北京：北京经济学院出版社，1988：21.

共选择理论表明，必须进行成果的考核，建立以结果为导向的预算管理模式，将成果纳入官僚的效用函数中，并赋予机构一定的自主权，产生有效的激励约束作用，才能调动机构的积极性，更有效率地提供公共需要的公共产品。①

绩效预算在实践中受到了公共选择理论的深刻影响。从某种意义上说，绩效预算就是公共选择的预算。基于公共选择理论，实施预算绩效管理需要完整的制度体系对预算分配和使用的规则进行明确，减小政府部门与政府官员在预算管理活动中为自己谋利的可能性，并从规则上让其获利的成本高于收益。②

（三）新公共管理理论

20 世纪 80 年代兴起的新公共管理理论，则将新管理主义运用于公共部门管理，其主要观点有：认同“理性人”假设，强调绩效管理的重要意义；依据公共选择理论和交易成本理论，强调政府公共服务应以市场或顾客为导向，提高支出效率和有效性；引入成本效益分析方法，界定、测量和评价政府绩效目标；借鉴私营部门的管理手段，重视产出和结果。新公共管理理论注重发挥市场在公共产品和公共服务供给领域的作用，主张在公共部门管理中引入竞争机制来提高服务的质量和水平，以市场或顾客为导向来改善行政绩效，为预算绩效管理提供了坚实的理论支撑。③

（四）有限政府理论④

有限政府理论是英国政治理论家洛克以双重社会契约论为理论

① 吴文玉. 德国绩效预算实践及其对中国的启示［D］. 合肥：安徽大学，2014.
② 叶妮妮. 我国全面实施预算绩效管理法治化路径研究［D］. 厦门：厦门大学，2019.
③ 夏先德. 全过程预算绩效管理机制研究［J］. 财政研究，2013（4）：11-16.
④ 叶妮妮. 我国全面实施预算绩效管理法治化路径研究［D］. 厦门：厦门大学，2019.

基础，通过论证政府权力的来源创设的关于控制政府权力的理论。①有限政府理论认为政府所拥有的权力来源于人民为了保障自己的安全而向政府出让的部分自然权利，所以政府行使权力应当以保护社会成员的生命、自由和财产安全为唯一的目的和标准，政府的权力不能超过社会公共福利的边界。有限政府理论还阐释了政府的权力必须受到既定规则的限制。人民之所以订立契约出让自己的自然权利并建立政府是因为自然状态下虽然自由但不安全，这就促使他们寻求政府为自己提供更好的保障。为了消除自然状态的缺陷，就要有受到社会同意的有效法律来限制和约束政府权力，为人民的生命、自由和财产权利提供真正有效的保障。②

有限政府理论为全面实施预算绩效管理的法治化奠定了合理性基础。因为预算管理权其实也是人民出让给政府行使的一种权力，当政府和政府管理人员在预算管理活动中逾越了预先设定的法律边界，应当及时被有效地纠正并受到应有的惩罚。

（五）委托代理理论

委托代理理论是 20 世纪 60 年代末 70 年代初一些经济学家深入研究企业内部信息不对称和激励问题发展起来的。委托代理关系被视为一种契约。在委托代理关系中，委托人授权代理人为委托人的利益而从事某些活动，其中也包括授予代理人某些决策权力。委托代理理论的中心任务是研究在利益相冲突和信息不对称的环境下，委托人如何设计最优契约激励代理人。③

在政府管理中引入企业的委托代理理论，是政府管理的一项改革，它突破了政府中上下级部门之间命令与服从的等级关系，而把它

① 鲍灵美. 论洛克《政府论》中的“有限政府”思想［J］. 现代交际，2010（4）：35-36.
② 洛克. 政府论：下篇［M］. 叶启芳，瞿菊农，译. 北京：商务印书馆，1996：48-97.
③ 吴文玉. 德国绩效预算实践及其对中国的启示［D］. 合肥：安徽大学，2014.

看作公共委托代理关系。在传统预算管理模式中，政府部门之间的关系是等级制的，上级部门对下级部门的支出行为运用命令的方式进行控制，预算管理注重的是投入和过程。而按照公共委托代理理论，政府中上下级部门之间可以是委托代理关系，由政府委托部门提供公共产品，因而在预算管理中更注重的是产出和结果。所以说，公共委托代理理论的引入为绩效预算管理提供了现实的理论依据。①

根据委托代理理论，为了激励政府部门为公民提供更高质量的服务，应当建立一套激励与约束相结合的机制，同时还应要求政府预算信息透明化，方便公众对其行为实施监督。②

（六）政府预算决策过程理论

1. 理性预算理论

为了找到一个资源配置的标准，西方一些专家提出了预算学界一个十分重要的规范性理论，即理性预算理论，它主张政府在预算决策过程中，应当通过按部就班的理性计算，考虑各个活动方案的效率和效果，做出理性选择，从而最有效地配置资源。理性预算理论主导世界各国政府相继推出了各种理性预算制度，如计划项目预算、零基预算、目标管理以及绩效预算。各国、各级政府逐渐重视有关效果与效率方面的信息，并开始系统地收集、加工和使用这些信息。③

2. 增长预算理论

这一理论的创始者艾伦·威尔达夫斯基认为，理性预算理论并不可行，由于能力与资源的限制，使用权决策者不可能收集绝对完整的信息，也就是说，针对某一政策目标，决策者不可能列举出所有的

① 吴文玉. 德国绩效预算实践及其对中国的启示［D］. 合肥：安徽大学，2014.

② 叶妮妮. 我国全面实施预算绩效管理法治化路径研究［D］. 厦门：厦门大学，2019.

③ 杨松. 西方绩效预算理论及实践对我国财政管理的启示［J］. 地方财政研究，2004(1)：40-44.

可能方案，并准确无误地衡量出每个方案的利弊，因此理性预算制度在真实世界的使用难度就可想而知。就各国政府的实践而言，决策过程并不是按部就班的理性计算，决策者往往会以现行预算为决策的出发点，运用简化的策略，做边际修正，这样就大大减轻了计算的负担，缩小了预算争论的范围，使预算编制在法定期限内得以完成。[①]

3. 角色理论

这是一个实证理论，其基本内容是：预算决策过程中的参与者有特定的角色与预期的行为，政府首脑及财政预算管理部门在整合机关需求提出预算草案的过程中，扮演着守门员的角色，对各机关的概算需求进行调整删减，维持年度收支平衡。根据角色理论，预算决策者往往会选择性地使用信息，以帮助他们扮演好所要扮演的角色。换言之，特定信息（如绩效不佳需删减预算，或绩效良好需增加预算）在预算决策过程中不被预算决策者（如政府首脑或部门领导）所重视与运用就不难理解了。[②]

上述理论，奠定了绩效预算的反腐的理论基础。

三、绩效预算的反腐败意蕴与功能

（一）绩效预算内含的反腐败机理

由于政府权力的运作、施政行为的开展离不开预算资金的财力保障，因此，管住了政府花钱的行为，控制了政府预算的资金流，也就实现了对政府施政行为的有效控制，可以实现对权力运行的有效

① 杨松. 西方绩效预算理论及实践对我国财政管理的启示［J］. 地方财政研究，2004（1）：40-44.

② 杨松. 西方绩效预算理论及实践对我国财政管理的启示［J］. 地方财政研究，2004（1）：40-44.

制约与监督。①

正因为政府是不营利的，政府的一切活动都依靠向社会收取的税收来维持。那么，对于纳税人来说，希望政府开展什么样的活动、提供什么样的服务，就批准政府什么样的预算；对于多余的、不合理的政府活动，完全可以采取否决政府预算的方式从源头上防止其发生。绩效预算就是用公开、受监督的计划控制政府收支的现代预算制度，它强调以绩效与社会为中心而不是以政府为中心配置财政资源。②

绩效预算的思想源于亚当·斯密的平衡财政思想。现代预算专家纳特·威克什和克里夫兰对亚当·斯密的思想进行了深度的挖掘，提出了公共预算制度的基本要义：受监督，并得到切实执行的收支计划。1915 年，克里夫兰对该要义进行了阐发。他说，政府的预算计划应标明政府支用该预算的活动的详细信息，以便代议机构审批。这些思想将原本单纯的政府收支计划与政府职能活动计划联系起来，将原本由政府主拟预算或形式上由议会审查推进到政府预算须经公民和议会认可并接受他们的实质监督与审批的高度，将政府收支从一种单向的政府权力和公民义务关系转化为一种政府与纳税人之间的权利与义务对等关系。由此，确立起公共预算制度的基本精神。③故此，预算监督和法制化是现代预算制度的重要内容与标志。“钱袋子”权是立法机关监督政府最为彻底和有效的武器，而这种监督要依法进行，因而要求建立起预算监督机制。④

绩效预算内含的反腐败逻辑机理可以概括为：财政资金是政府

① 马海涛，肖鹏. 全面深化财税体制改革视野下中国《预算法》的修订研究：中国《预算法》修订的背景、内容与效应分析［J］. 新疆财经，2014（6）：5-11.

② 郭剑鸣，姜文芳. 论基于公共预算制度的反腐败模式创新［J］. 领导科学，2009（29）：4-7.

③ 郭剑鸣，姜文芳. 论基于公共预算制度的反腐败模式创新［J］. 领导科学，2009（29）：4-7.

④ 马海涛，肖鹏. 全面深化财税体制改革视野下中国《预算法》的修订研究：中国《预算法》修订的背景、内容与效应分析［J］. 新疆财经，2014（6）：5-11.

活动的基础，预算本身作为对财政资金的分配计划，其内含的公共权力控制性使得政府预算活动最终都要受到代议机构的审查和监督，这也间接地规定了政府职能边界与程序，任何越权与违规的腐败行为都将受到制约。[①]

绩效预算内含的反腐败机理，使它成为公共财政领域的反腐败利器。

（二）绩效预算内含的反腐败机制与功能

预算编制、审批与执行等环节的操作规范，本身就是预算反腐败的一种内控技术机制。因为如果每一环节都能严格按操作规范执行，预算活动的规范就基本能得到保证，也能较好地保证预算收支的合规和防止腐败。具体表现为：在预算编制中，规范而专业的编制为后续预算的执行提供了操作上的便利，也在一定程度上约束了预算执行的随意性；在预算审批过程中，专业化的审查形成对预算进一步的约束；在预算执行中，预算的收支与资金分配要求按计划或社会实际需求执行，也能较好地防止预算执行中的腐败。[②]

预算绩效管理以结果为导向，在预算编制、执行和监管环节中，强化政府支出责任，及时纠正偏差，使预算执行结果与绩效目标的偏离最小化，从而形成防治腐败的监督机制，从制度上杜绝贪污腐败行为，提高政府行政效能和财政资金的使用效益。[③]

国内外的大量实践证明，实施全过程的预算绩效管理，从制度上建立防腐屏障，减少了腐败的滋生土壤和生存空间，起到了从源头上遏制财政腐败行为的作用。

---

① 唐云锋. 我国预算反腐败困境与预算的社会监督逻辑［J］. 财经论丛，2013（6）：15-22.

② 唐云锋. 我国预算反腐败困境与预算的社会监督逻辑［J］. 财经论丛，2013（6）：15-22.

③ 魏红，涂家铭. 财政预算绩效管理与防治腐败探索［J］. 财政监督，2014（13）：50-52.

第三章　立法保障：推进公共财政绩效预算与反腐败立法的逻辑与理论研究

一、立法为绩效预算的实施保驾护航

预算历来被称为“国家的钱袋子”，是立法机构控制政府行政权力扩张的有效工具，预算的法治、监督、控制等功能使得预算天然成为制约和监督政府权力运行的有效筹码。以政府的预算权力控制与监督为突破口应该是从源头上防止腐败、从管理机制上加强廉政建设的治本之策。表面上看，公共预算是政府的年度财政收支计划，但预算背后是通过一定的政治程序来对公共资源进行合理配置。预算为公众提供了一个相对开放的渠道，公众可以确信他们的纳税没有被用于私人目标，也没有被乱用和浪费，而是用在了政府向他们承诺的公共事务上。[①] 因此，公共财政绩效预算与反腐败立法是现代法治国家制约和监督政府权力运行的重要依据，是立法机构控制行政部门权力扩张的重要载体。

立法为绩效预算的实施保驾护航体现在：

一是绩效预算的推进需要法治保障。推进绩效预算，需要把最广大人民的根本利益作为出发点和落脚点，通过践行依法理财的理念，

① 马海涛，肖鹏. 全面深化财税体制改革视野下中国《预算法》的修订研究：中国《预算法》修订的背景、内容与效应分析［J］. 新疆财经，2014（6）：5-11.

采取民主参与、民主立法等程序保障绩效预算实施的前瞻性和科学性。

二是绩效预算的协同推进需要立法保障。推进绩效预算须坚持“法的统一性”原则，不得违法改革。

三是立法先行保障绩效预算实施。要找准深化绩效预算的突破口和重点，需要从清理现行预算法律规范入手，通过“立改废”以确立改革的突破口和重点；需要探索的可以先进行局部试点，但应当有立法机关的授权，允许对现行法规进行突破。

二、推动有利于防治腐败的绩效预算的顶层设计

（一）完善绩效预算全覆盖制度

现代预算必须是经法定程序批准的、政府机关在一定时期内的财政收支计划。它不仅仅是财政数据的记录、汇集、估算和汇报，更是一个计划。该计划必须是全面的、有清晰分类的、统一的、准确的、严密的、有时效的、有约束力的；它必须经过代议机构批准与授权后方可实施，并公之于众。遵循现代预算原则的国家必然具备两个显著的标志，其中之一就是财政统一，即政府的收支最后统到一本账里，而不是有两本账、三本账，这样才能确保预算是全面的、统一的、准确的、严密的、有时效的。[①]

2014 年修订的《中华人民共和国预算法》删除了有关预算外资金的内容，并明确规定：政府的全部收入和支出都应当纳入预算。预算包括一般公共预算、政府性基金预算、国有资本经营预算、社会保

① 王绍光. 从税收国家到预算国家［J］. 读书，2007（10）：3-13.

险基金预算，同时对四本预算的功能定位、编制原则和相互关系作出规范。①

因而，必须通过专门性立法完善绩效预算全覆盖制度。

（二）建立绩效预算约束机制

要从根本上预防腐败，就必须建立绩效预算刚性约束制度。根据我国预算编制和执行过程中存在的问题，要达到防治腐败的目的，还需要对现行的预算思想、预算制度、预算权力结构、预算编制和实施方式、预算监督机制等方面进行完善，提高约束的刚性。

1. 树立有利于防治腐败的绩效预算约束理念

推行立法，理念先行。公共预算意味着政府有义务向域内社会和民众报告其收支规模和方向。显然，只有公共预算思想才包含监督政府收支的精神，依此精神才可能建立起阳光财政的体制，达到通过监督财政来防治腐败的目的。②

不能把预算当作“政府自己的预算”，如果是那样，政府就没有向社会公布预算信息的动力，也不会有接受预算监督的自觉性，通过监督预算来防治腐败也就无从谈起。“不完全预算”是指政府向社会公布的预算或提交给人大代表审议的预算只是政府实际收支的一部分。③ 这实际上规避了人民代表大会和民众对政府全部收支情况的监督，与阳光财政和真正意义上的公共财政制度是相悖的。从审计署的审计报告披露的情况看，即便是公开的预算，在编制上也存在不够细化、在执行上还存在随意性等问题，那些不公开的收支是否会被滥用

---

① 马海涛，肖鹏. 全面深化财税体制改革视野下中国《预算法》的修订研究：中国《预算法》修订的背景、内容与效应分析［J］. 新疆财经，2014（6）：5-11.

② 郭剑鸣. 公共预算约束机制建设与中国反腐败模式的完善［J］. 政治学研究，2009（4）：73-81.

③ 张馨. 财政学［M］. 北京：科学出版社，2006：2.

而导致腐败？人们自然有理由担心。因此，要建立一个有利于防治腐败的预算制度自然也要求政府提供的是一个完全的预算。[①] 绩效预算更强调结果导向，因为只有绩效过程全公开并接受监督，才有可能防止寻租性腐败，才能产生绩效。因而，树立有助于防治腐败的绩效预算约束理念显得尤其必要与必需。

2. 确立有利于防治腐败的绩效预算刚性约束的基本制度

这需要以“取用于民”的理念为核心，以防治无预算支出式的腐败为目的，建设预算约束制度。

一是做实政府无预算不得收支的制度。预算的形成需要经过严格复杂的程序，它是对政府收支的阳光安排和法律许可。政府依据预算收支，在制度意义上不会产生腐败，所需的只是严格监督预算的执行。[②] 预算制度内在蕴藏着防治腐败的“基因”，主要表现在：政府的每一项职能活动都离不开收支，而政府又是非营利的，其收支对象来自社会，如果能将政府的每一项收支都纳入预算，并注明与之相对应的政府活动的理由和信息（绩效目标），那么，只要公开政府预算，让公众参与政府预算的编制，就能监督和约束政府行为和公权力的运用。这不仅能让决策者承担决策的责任，减少决策失误造成的损失，也能成为夯实制度防腐的重要途径。[③]

二是建立政府支出偏离预算安排的自动否决制度。如前所述，公共财政体制下的预算不仅仅指政府的收支计划，还包括政府的行动计划，也就是说预算是政府行动计划和政府收支计划的统一。只有政府行为中实际发生的收支范围、数量和方式等信息符合预算规定的精神和原则，才能说预算真正被执行了。因此，有必要建立根据预算

---

① 郭剑鸣. 公共预算约束机制建设与中国反腐败模式的完善［J］. 政治学研究，2009（4）：73-81.

② 郭剑鸣. 公共预算约束机制建设与中国反腐败模式的完善［J］. 政治学研究，2009（4）：73-81.

③ 魏红，涂家铭. 财政预算绩效管理与防治腐败探索［J］. 财政监督，2014（13）：50-52.

计划否决偏离预算规定的政府收支行为的制度。①

3. 建立有利于防治腐败的预算、绩效预算的权力结构

以各级人民代表大会为核心，以防治因预算失规、失序引发的腐败为目的，建立集中统一的绩效预算的权力结构。

预算权力的集中统一性是公共财政体制的一个基本要求。我国现行的预算管理体制表明，人大不参与预算的编制使之难以深入了解行政系统对预算的需求，掌握完整的预算信息，给人大充分行使预算审批权、监督权带来困难。② 绩效预算同样需要权力结构的集中统一。

没有预算，审计就会虚化预算监督。建议审计署归建于人大常委会，或者将审计署对政府部门的审计职能交由人大预算委员会履行。这样有利于强化人大对预算的检查、监督能力，而审计署的工作也更有权威。为了便于人民代表大会行使国家预算主导权，建议将人大预算委员会由现在的人大工作机构升格为人大专门委员会，使之成为我国预算审议、监督和执行检查的核心机构。③

4. 探索有利于防治腐败的预算编制、执行和监督的形式及工具④

一是在预算编制方面，改革单一的基数预算方式，实行基数预算和零基预算相结合。

二是在预算审议方面，改革单一的整体表决方式，有选择地对数额大、与国计民生关联密切或者投入结果不确定的预算进行辩论预算和个案预算方式的试验，允许人大不通过某个部门的预算或某个

① 郭剑鸣. 公共预算约束机制建设与中国反腐败模式的完善［J］. 政治学研究，2009（4）：73-81.

② 郭剑鸣. 公共预算约束机制建设与中国反腐败模式的完善［J］. 政治学研究，2009（4）：73-81.

③ 郭剑鸣. 公共预算约束机制建设与中国反腐败模式的完善［J］. 政治学研究，2009（4）：73-81.

④ 郭剑鸣. 公共预算约束机制建设与中国反腐败模式的完善［J］. 政治学研究，2009（4）：73-81.

单项预算，防止预算审批中的“搭便车”现象。

三是根据我国两会召开的特定时间安排，将预算年度从现行的1月1日至12月31日调整为4月1日至次年的3月31日，解决我国预算未批先行的历史遗留问题，防止一些地方和部门利用既成事实“绑架”预算审批的现象。

四是修改有关法律，强化对预算违法行为的法律约束力。有必要在《中华人民共和国宪法》中对国家预算的基本原则和精神加以规定，在《预算法》中增加对预算违法的法律责任追究的条款，同时，在《中华人民共和国刑法》中也要增设预算违法方面的罪种。

（三）完善绩效预算公开制度①

预算透明是良好的财政治理的关键因素之一，也是实现财政民主和有效财政监督的生命线。2014年《中华人民共和国预算法》增加规定，除涉及国家秘密的事项外，经本级人大或其常委会批准，预算、预算调整、决算、预算执行情况的报告及报表应当在批准后20日内由政府财政部门向社会公开，并对本级政府财政转移支付的安排、执行情况以及举借债务的情况等重要事项作出说明。各部门预算、决算及报表应当在本级政府财政部门批复后20日内由各部门向社会公开，并对其中的机关运行经费的安排、使用情况等重要事项作出说明。

绩效预算公开的要义就是将预算文本和相关信息公布，并广泛吸收公民、社会组织等主体进入预算活动的过程，使内外部监督能够发挥作用。当政府各部门的资金使用情况都翔实地摆在媒体和公民面前时，不仅公民、非政府组织以及媒体会对行政支出的浪费和低效予以谴责，政府自纠其不合理行政花销的动力也会增强，这对防控腐

① 马海涛，肖鹏．全面深化财税体制改革视野下中国《预算法》的修订研究：中国《预算法》修订的背景、内容与效应分析［J］．新疆财经，2014（6）：5-11.

败将会起到源头性的作用。① 正如相关研究表明，“在财政没有做到透明的情况下，要想通过其他方式和途径来防治腐败，如果不说是不可能的，那也必然是代价高昂的”②。有国外学者也认为：“20世纪90年代以来，大量的腐败现象都是出现在转型国家之中，其中的一个重要原因就是缺乏公共预算的规则和会计准则报告标准，信息封闭和制度残缺为官员的腐败提供了大量的机会。”③

故此，必须通过专门性立法完善绩效预算公开制度。

(四) 完善绩效预算民主制度

美国学者乔纳森·卡恩认为：预算民主是指政府预算在编制、审批、执行以及决算等全过程中都置于人民及其代议机构的监督之下，以确保政府预算能够承担公共责任。其实质是使行政权力运行处于人民权利监控之中。④ 在他看来，预算民主是监督政府预算、提高政府行政绩效的途径。

学者樊丽明等提出中国特色的预算民主模式与内容，认为预算民主是政府预算改革的重要目标，预算唯有体现民主，才能建立起具有约束力和控制力的现代预算，才能实现财政资金筹集和使用上的公平与效率。绩效预算民主应体现在预算的编制、审批、执行和决算等整个环节中，具体包括：①预算编制民主，即在编制预算的过程中，应征求公众意见，保证公众对预算的参与权；②预算审批民主，即公众通过其代表对政府提交的预算进行审查、批准，以保证预算安

① 郭剑鸣．从预算公开走向政府清廉：反腐败制度建设的国际视野与启示［J］．政治学研究，2011（2）：57-68.

② 蒋洪．2009中国财政透明度报告：省级财政信息公开状况评估［M］．上海：上海财经大学出版社，2009：4.

③ MATHESON A，KWON H S. Public sector modernisation：a new agenda［J］. OECD Journal on Budgeting，2003，3（1）：7-23.

④ 卡恩．预算民主：美国的国家建设和公民权（1890—1928）．叶丽娟，等译．上海：格致出版社，上海人民出版社，2008：65-78.

排切实满足社会公共需要；③预算监督民主，即整个预算过程都应该公开透明，接受公众监督。改革开放以来，伴随社会主义市场经济的发展以及民主法治建设的不断推进，人大代表在预算的编制、审查、执行等监督各方面发挥了积极作用，促进了预算民主的实现。政协委员在预算编制过程中的协商沟通和预算执行中的民主监督方面，发挥了重要作用。再比如，21 世纪初以来，我国一些地方政府进行参与式预算的探索，促使政府预算编制更加公开、透明、公平，强化预算监督，提高财政资金使用效率，促进公共利益最大化，助推了基层社会治理。①

客观地说，绩效预算民主与预算民主的本质是一致的，即“让人民当家作主”，参与、监督委托人——政府管好“钱袋子”，依法、廉洁地管好预算，依法、廉洁收支，让公共资金真正“取之于民，用之于民”，杜绝公款私用的出现。故此，完善绩效预算民主制度刻不容缓。

（五）完善绩效预算的全面性原则和绩效预算法定原则

绩效预算的全面性，是指预算的编制必须包括政府所有的公共收支项目，全口径预算管理，堵死“私房钱”和“账外账”出现的可能。

绩效预算法定，是建立在预算法定基础之上的，同样是指将预算收支的最终决定权限制在代议机关手中，未经法定程序不得变更为硬预算，进而防止软预算的产生。软预算的存在为权力寻租提供了温床，预算法定将软预算转化为硬预算，明确了预算收支的最终决定权，减小了腐败出现的可能性。②

① 樊丽明，石绍宾. 论中国特色的预算民主与法治［J］. 公共财政研究，2019（6）：4-8.

② 王文婷. 党内法规和财税法规共治下的反腐败问题研究［J］. 兰州学刊，2015（10）：137-141.

（六）建构绩效预算问责制度

关于问责，习近平总书记有重要的论述："要整合问责制度，健全问责机制，坚持有责必问、问责必严，把监督检查、目标考核、责任追究有机结合起来，实现问责内容、对象、事项、主体、程序、方式的制度化、程序化。"① 这是我们建构中国特色的绩效预算问责制的根本遵循，我们要深刻领会其核心要义，做好顶层设计。

预算绩效问责既是督促政府对人民负责的必要手段，又是促进政府持续提升公共服务供给质量和效率的强大动力。因此，提升预算绩效问责能力和完善预算绩效问责体系，将成为推进国家治理体系和治理能力现代化的重要体现。②

预算绩效管理问责作为一种激励约束机制，需要在预算绩效管理过程中回答"谁来问、向谁问、凭什么问和怎么问"等一系列问题，与之对应的便是问责主体、问责客体、问责依据、问责方式等问责基本要素的明晰。预算绩效问责主体主要是指具体负责预算绩效管理问责制度制定及组织实施的部门，即财政部门和主管部门。问责客体是预算绩效管理问责实施的对象，多指下级政府、本级预算部门单位及相关责任人员。问责依据可分为法律法规及政策性文件依据和材料依据。法律法规及政策性文件依据除问责办法本身外主要包括《中华人民共和国预算法》《中华人民共和国预算法实施条例》《财政违法行为处罚处分条例》以及各地推进预算绩效管理的文件等。③ 材料依据是衡量预算绩效管理问责客体是否履职尽责的关键，

---

① 习近平. 在第十八届中央纪律检查委员会第六次全体会议上的讲话［N］. 人民日报，2016-05-30（002）.

② 胡明. 预算绩效问责的理论回应与制度建构［J］. 现代法学，2022，4（4）：51-63.

③ 2018 年以前各地是根据财政部《关于推进预算绩效管理的指导意见》（财预〔2011〕416 号）推进本地预算绩效管理工作。2018 年以后各地则是根据中共中央、国务院《关于全面实施预算绩效管理的意见》（中发〔2018〕34 号）推进预算绩效管理工作。

这里指年度财政支出绩效评价的结果。问责方式是问责主体判定绩效管理责任后对问责客体采取的一系列处理措施。早期的手段较为单一，比如通报批评及削减预算等，且更强调追究过失责任。因此，预算绩效管理问责可解释为："为提高财政资金使用绩效，财政及主管部门依据预算法以及预算绩效管理问责办法等相关法律法规及规范性文件，基于财政预算绩效评价结果对下级政府、本级预算部门单位及相关责任人的预算绩效过失进行的责任追究。"从这个角度来看，狭义的预算绩效管理问责无论是主客体范围、发生环节及依据等方面都更接近学界常提的"预算绩效问责"。①

预算绩效是绩效预算在中国的一种创新，也是绩效预算在中国本土化的结果，故此，通过专门性立法完善预算绩效问责制度就是完善了绩效预算问责制度。

三、与其他防治预算腐败的法律法规的衔接问题

其一，与《中华人民共和国宪法》的关系。《宪法》是国家的根本法，具有最高法律效力，宪法精神必须贯穿立法中，立法必须以《宪法》为根本依据。

其二，与《中华人民共和国立法法》的关系。《立法法》是为规范立法活动、健全国家立法制度而制定的法律，是中国特色社会主义法律体系中的"小宪法"，我们在进行立法时不仅要遵守《宪法》的规定，还要遵守《立法法》的规定。

其三，与其他单项法的关系。目前，我国财税领域由全国人民代表大会及其常务委员会制定的法律共计 13 部，均为单项法。各单项

① 李燕，王佳文. 预算绩效管理问责要素分析与机制优化［J］. 中央财经大学学报，2022（1）：11-21.

法是财税领域各种活动的操作规范，与防治预算腐败立法是相互补充的关系。

其四，与各项行政规章的关系。按照“法主规辅”的原则构建财税法律体系，各类行政规章必然有其存在的必要，但必须认清行政规章的辅助地位。凡属财政重大原则必须以法律形式规定，行政规章只可起补充、解释的作用，不可越俎代庖、本末倒置。

中国的预算绩效管理缘于对西方绩效预算的学习与借鉴。全面实施预算绩效管理，离不开对绩效预算立法的逻辑与理论的理性思考，更离不开从国际视野寻找绩效预算立法的发展规律与启示。

第二编　国际经验编

第四章　联合国公共财政绩效预算管理及其反腐败功能研究

一、联合国公共财政绩效预算管理的演变

（一）联合国绩效预算管理的背景与过程[①]

财政是联合国治理的基础与重要支柱。

联合国自1945年成立至今，主要使用三种预算管理方式：开支用途预算、方案预算和按成果编制预算（成果预算制）。[②]

联合国在1974年以前采用纯粹根据投入编制预算的方式。1974年至20世纪90年代末，实行按方案编制预算制度（又称规划、方案拟定，预算编制、监测和评价方法）。20世纪90年代末至今，实行按成果编制预算制度。在公共行政管理创新的背景下，经方案、协调委员会与行政和预算问题咨询委员会多次讨论与协调，1996年，联合国秘书长在第五十一届联合国大会提出的改革方案中，述及联合国将实行按成果编制预算的制度，[③] 其目的在于加强现行的规划、方案拟定，预算编制、监测和评价方法。

---

① 徐震，喻志刚．论联合国绩效预算模式及其对绩效审计的启示［J］．审计与理财，2009（12）：60-61.

② 陈萌．联合国绩效预算改革的经验与教训［J］．预算管理与会计，2013（2）：49-51.

③ 按成果编制预算制与绩效预算为同一概念，以下统一称为绩效预算。

经过多轮审议和协商，联合国大会最终于2000年通过决议，核准秘书长在方案预算中开始利用成果指标。2002年，秘书长提交了2002—2003年两年期成果预算制临时报告，是第一个完全根据成果预算制概念编制的预算。①

在按成果编制预算制度中，方案预算按照一套事先确定的目标和预期成果来制定；预期成果为所需资源投入的依据，同时资源投入根据实现预期成果所需的产出确定，并且与产出挂钩；由客观业绩指标衡量实际成果的情况。

与以往的预算编制方法相比较，按成果编制预算突出了两项基础，即制定方案预算的逻辑框架，注重成果的问责制。

（二）联合国绩效预算管理的主要内容

1. 清晰的逻辑框架

目前，联合国既有秘书长公报《方案规划、预算内方案部分、执行情况监测和评价方法条例和细则》对成果导向制预算进行总体规范，也有《成果导向制预算准则》对编制方法进行具体指导，并指出成果导向制预算应符合具体、可计量、可实现、相关、有时限的SMART原则（specific，measurable，attainable，relevant，time-bound），总体框架清晰，要求具体，可操作。②

2. 逻辑框架的运用

逻辑框架的运用使绩效预算过程更系统、更连续、更透明。其目的是在一个连贯和相互联系的结构中涵盖预算的各组成部分，使每个部分之间具备一定的因果关系。具体而言，框架包括目标、预期成果、产出和投入。逻辑框架除了紧密联系各要素，还包括了业绩指

① 陈萌. 联合国绩效预算改革的经验与教训［J］. 预算管理与会计，2013（2）：49-51.

② 王蕊. 联合国成果导向制预算管理及其对我国政府绩效审计的借鉴意义［J］. 经营与管理，2016（5）：31-33.

标，将其作为衡量预期成果是否实现的尺度。业绩指标与预期成绩之间的直接联系是转向按成果编制预算制度的一项重要因素。同时，逻辑框架设计过程中还列入了重大外部因素，在预算周期开始时即予以充分考虑，从而显示方案设计的透明度，确保管理人员只为其可控的成果负责。①

3. 注重问责制

绩效预算是为了达到预期成果、实现组织目标所开展的规划过程。为了更为有效地发挥其计划、管理、控制的功能，联合国对预算框架各要素的计量做出改进，突出了问责制以及相应的授权。同时，联合国内部监督事务厅明确要“把绩效预算制度提高一个层次”，即在组织内部通过绩效预算带动评估制度的有效实施。为此，联合国制定了评估基准框架，首先即强调组织内主要当事方的责任，提出符合 SMART 原则的目标和授权。同时，将组织的目标、宗旨和产出逐级落实到较低层次的工作计划，直至个人工作计划中。在这个总体战略演绎分解的以及员工行为聚焦战略的互动选择过程中，各管理层级间实行订立权责契约的“合同管理”方式，明确双方的职责与权利，并通过绩效考核制度确保问责制的有效实施。②

（三）联合国绩效预算的执行效果

自 1997 年联合国大会确定实行绩效预算以来，各组织机构在预算管理中均采用了绩效预算模式，同时不断完善评估。联合国内部监督事务厅每年通过对各级组织各项管理的风险评估，确定重点管理事项进行绩效审计。如，2007 年 7 月 1 日至 2008 年 6 月 30 日期间就

① 徐震，喻志刚. 论联合国绩效预算模式及其对绩效审计的启示 [J]. 审计与理财，2009（12）：60-61.

② 徐震，喻志刚. 论联合国绩效预算模式及其对绩效审计的启示 [J]. 审计与理财，2009（12）：60-61.

执行了 305 次审计监督，提出了 1755 项改善内部控制、问责制和组织效率效果等方面的建议。同时，联合国审计委员会的外部审计报告 80% 以上的篇幅也聚焦于各项管理事项的经济性、效率性和效果性。从联合国的经验看来，绩效预算、评估和绩效审计的发展完善是一个相互作用、循序渐进的过程。建立以绩效为中心、突出评估的预算制度，将为绩效审计提供良好的环境，同时，绩效审计的开展也对预算管理体制改革起到积极的推动作用。①

二、联合国绩效审计模式概述

（一）联合国审计委员会

联合国审计委员会是联合国大会下的一个机构，成立于 1946 年。联合国审计委员会作为联合国的外部审计，负责审计联合国各组织及其各基金和方案的账目，并通过行政和预算问题咨询委员会（ACABQ）向大会报告其审计结果和建议。审计委员会由三名成员组成，由各个国家最高审计机关的负责人担任，任期 6 年。审计委员会的委员对审计工作负责，并就 ACABQ 的某些特殊检查要求开展专项审计并发布专项报告。审计委员会的审计对象包括：联合国秘书处、开发计划署、儿童基金会、环境署、人口基金、维和行动、防治荒漠化公约等 23 个机构或项目。目前，联合国审计委员会的三名委员分别来自智利、法国、中国。联合国组织和机构大部分使用的是各国政府会费摊款及各国政府的捐赠资金。各会员国及相关组织机构对联合国各项政策措施及达到的效果有较高的期待，转而对其资金使用的绩效更加关注。与此同时，联合国审计委员会的成员国都将本国在

① 徐震，喻志刚. 论联合国绩效预算模式及其对绩效审计的启示［J］. 审计与理财，2009（12）：60-61.

政府绩效审计方面的理念、方法、技术手段等运用到对联合国资金和项目的审计中去。因此，联合国审计委员会开展的联合国的审计实际上融入了联合国成员国对公共资金绩效的考量要求。①

（二）联合国绩效审计依据的准则

联合国审计委员会开展绩效审计的任务源自《联合国财务条例和细则》和《国际审计准则》。在这方面，审计委员会可以提出与财务程序、会计制度、内部财务管理以及本组织的一般行政和管理工作的效率问题有关的观察意见。审计委员会也承认最高审计机关国际组织（INTOSAI）制定的标准，以其作为审计标准并在审计工作中参考国际会计师联合会制定的国际审计标准。根据1986年INTOSAI第12次国际会议决议——《关于绩效审计、公营企业审计和审计质量的总声明》，绩效审计是指对公营部门管理的经济性、效率性和效果性所进行的审计。具体为：①根据健全的管理原则和实施、管理政策，审计管理活动的经济性；②审计人力、物力及其他资源的利用效率；③对被审计单位，根据其目标完成情况，审计其业绩效益，并根据原来预期的影响，审计其活动的真实性。审计委员会在实施审计过程中，可以对被审计单位财务程序的效率、会计制度、内部财务控制机制及其行政管理情况发表意见。审计委员会完全独立并只对审计工作负责。行政和预算问题咨询委员会可以要求审计委员会对某些问题进行专门检查并对检查结果进行单独报告。②

（三）联合国绩效审计的对象范围

联合国审计是一种综合性审计，其中既包括财务审计、合规审

① 郝娟. 联合国绩效审计初探［J］. 上海审计，2011（4）：25-27.
② 郝娟. 联合国绩效审计初探［J］. 上海审计，2011（4）：25-27.

计，又包括绩效审计。审计委员会的核心职责是进行财务和合规审计，主要针对：财务报表是否公正地反映了截至会计期结束时的财务状况及本会计期业务结果；财务报表是否根据既定的会计原则编制；是否采用与前一个会计期一致的会计原则；各项交易是否根据《财务条例》和立法授权进行。接受审计的联合国组织目前有 21 个，三名委员各自按规定负责其中一部分项目的审计，审计的项目每年都会因实际情况变化而略有变更。联合国审计中的绩效审计主要是对财务程序、会计制度、内部财务管理以及本组织的一般行政和管理工作的效率、效益和节约相关问题提出意见。①

（四）联合国绩效审计的程序和方法

联合国审计工作以《审计委员会的规则和程序》为指导，该规则程序在 2005 年 6 月 30 日至 7 月 1 日审计委员会第 49 届常会上通过，后经过 6 次修正，主要内容包括：背景，届会，独立性和道德操守，审计委员会的任职情况，审计任务分配，审计业务委员会，审计工作的开展，审计费用，报告，质量保证，执行秘书，各种记录、数据库和工作文件，与媒体的沟通，其他事项。联合国审计委员会委员根据各自的分工，安排审计计划，由审计委员会统一向各机构发送审计通知书。各委员所在国组成审计小组，制定现场审计的实施方案，赴联合国各机构进行现场审计，结束后由各小组向审计委员会提交审计管理建议书。审计结论必须得到三位审计委员的一致赞成。如果只有两位委员参与履行某项职能且出现意见分歧，则应共同向另一位委员通报各种情报和各自的意见，在第三位委员告知其意见之前，不得采取进一步行动。此外，在最终报告发出前，审计委员负责审计工作的外聘审计主任还要向管理当局发函以征求其对审计报告的意

① 郝娟. 联合国绩效审计初探［J］. 上海审计，2011（4）：25-27.

见。联合国绩效审计中，比较注重从战略、使命、规划、制度、计划的角度分析管理的绩效，考量资金的使用效率、效益和效果。审计中较多地使用访谈、问卷调查的方式，对单位整体的内部控制和管理制度的执行落实情况进行考量，并评价机构所处的风险。①

（五）联合国绩效审计的评价标准

开展联合国绩效审计时使用的评价标准包括：各个机构的使命，中长期规划中需要达到的目标任务，管理机构下达的任务，各机构年度计划中关键绩效指标，各项政策措施的绩效条款以及最佳实践。②

（六）联合国审计的报告制度

联合国审计委员会为联合国提供外部审计，按规定对联合国各机构财年出具审计报告。联合国审计委员会在每个财年内大约提交二十余份报告，并在联合国审计委员会网站向公众公布。根据相关统计，审计报告中涉及财务问题的约占 20%，其余的内容均与管理和绩效相关。审计委员会的审计报告经过联合国规定的质询和认可程序后，方能对外公开发布。联合国对下属各机构审计发现问题的整改有明确的规定，定期统计审计报告中提出的问题建议的执行情况，并将其纳入机构负责人的职责考核中。对于审计建议执行率不高的机构实行问询制，有力地推动了各部门审计整改。③

① 郝娟. 联合国绩效审计初探［J］. 上海审计，2011（4）：25-27.
② 郝娟. 联合国绩效审计初探［J］. 上海审计，2011（4）：25-27.
③ 郝娟. 联合国绩效审计初探［J］. 上海审计，2011（4）：25-27.

三、联合国公共财政绩效预算与绩效审计模式的反腐败功能

联合国公共财政绩效预算与绩效审计模式具有很强的反腐败功能，其表现在如下方面。

（一）开放功能

联合国建立健全以提高管理效能和公共资金使用效益为核心的科学、规范的公共财政绩效预算体系，目的是实现信息的高度公开和公众的广泛参与。

联合国成果预算制强调在预算编制过程的起点时就阐明希望达成的结果，以此作为预算年度结束时衡量实际业绩的标准，从而增加方案预算的透明度并对方案管理人员问责。[①]

联合国绩效预算信息的全公开，体现了阳光透明的原则，有助于防治腐败。

（二）监督功能

强大的反腐败监督功能贯穿于联合国公共财政绩效预算的全过程。

在联合国成果预算编制中包含一年中对照已计划绩效指标和产出监测进展情况，其中包括任何业务变化将产生的财政影响，告知管理层当年预计产出的早期情况，管理层从而能采取纠正行动。审计师

① 陈萌．联合国绩效预算改革的经验与教训［J］．预算管理与会计，2013（2）：49-51.

审核各机构绩效指标监督机制的建立健全情况，查看各机构是否通过有效的组织架构和工具方法对绩效指标实现情况进行有效核查、监督及报告。审计师曾发现的问题包括：部分机构未有效监测绩效指标和产出的进展情况，部分机构缺乏用于对照预期成绩了解、编辑和报告实现预定目标方面进展和绩效的常规工具，对成果预算编制进行的评估过于滞后，等等。审计师建议采用成果预算编制跟踪系统或其他适用的方式，定期记录进展情况，帮助管理层了解计划产出的交付程度和费用，并在必要时采取纠正行动。①

（三）审计功能

联合国对成果导向制预算的审计鲜明体现了绩效审计的特征，对预算执行率低的科目不仅考虑资源闲置浪费或挪作他用的风险，也特别关注其对应项目预期效果的完成程度。

在关注项目支出合法合规性和预算执行率的同时，联合国方案执行情况报告中对项目进展情况有六种分类：按照原定方案完成的；推迟到下一预算周期的；已完成但有很大部分重新拟定的；因过时、功用不大或没有实效，已结束的；预算核定后因立法所增加的产出；由于管理绩效所增加的产出。按上述分类注明项目执行率，以对项目绩效进行可量化评价。②

在绩效管理环境下，绩效管理过程中的绩效目标、绩效协议、绩效预算、绩效指标等就成为绩效审计的重要绩效评价依据，为绩效审计提供可操作平台，使绩效审计作为绩效管理中的一个重要环节，发

① 王蕊．联合国成果导向制预算管理及其对我国政府绩效审计的借鉴意义［J］．经营与管理，2016（5）：31-33．

② 王蕊．联合国成果导向制预算管理及其对我国政府绩效审计的借鉴意义［J］．经营与管理，2016（5）：31-33．

挥监督评价的作用成为可能。①

（四）问责功能

进行绩效审计是为了问责，联合国非常注重反腐败问责功能。

联合国绩效预算问责主要以审核绩效目标、事前绩效评估、绩效跟踪、绩效评价的结果为依据。根据预算执行绩效与预定目标的偏离程度，做出问责决定。被问责单位要根据问责决定认真查找问题，并及时整改。

具体而言，要明确问责的主体、客体，发布相关信息，完善问责程序，确定追责方式。

四、启　示

虽然联合国审计与我国审计在审计理念、重点、方法和程序等方面存在差异，但其一些思路和做法具有借鉴意义。

第一，清除审计盲区。联合国审计更加注重反映被审计对象的全貌，并由此判断发现问题性质及对报表的影响。这一审计思路，可以最大程度发挥“预防”功能，值得重视与借鉴。

第二，注重绩效评价。联合国采用成果导向预算，在编制预算时，将预算资金所要达到的结果、实现的目标，以量化形式加以明确，从而使绩效评价有了依据。联合国各部门对于审计提出的建议相当重视，并把整改率作为机构考核的一项重要指标。为此，审计期间双方就审计建议的科学性、合理性、可行性进行了充分的沟通和探

① 徐震，喻志刚. 论联合国绩效预算模式及其对绩效审计的启示［J］. 审计与理财，2009（12）：60-61.

讨，对一些在执行层面可能存在的困难和障碍做了进一步的梳理和分析，就切实可行的整改方案达成共识，该做法值得借鉴。

第三，寻找制度性缺陷。联合国审计在这方面进行了积极的探索。通过专业分析、横向比较、纵向对比、专家引述、问卷调查等多种形式，对合规但不合理的现象进行剖析，深度探究原因，提出对策建议，取得了较好的审计效果。

第四，促进落实审计建议。联合国审计在跟踪审计建议落实方面，已形成了很好的制度安排和保障。反观国内，存在“重查处轻整改”的现象，对一些问题的整改浮于表面，未能取得举一反三、防微杜渐的效果。应借鉴联合国审计的做法，首先形成制度规范。每个常规项目开始前期，都应对以前年度审计发现问题的整改情况进行了解核实，并将核实结果作为本年度审计报告的一个内容，对主观原因导致的整改不力进行通报甚至问责，从而有力推进整改工作质量。

第五，找到管理中存在的缺陷或漏洞，对症下药，解决问题。[①]

---

① 陈文夏. 浅谈联合国审计对国内审计的借鉴［J］. 工业审计与会计，2014（4）：45-46.

第五章　美国公共财政绩效预算立法及其反腐败功能研究

绩效预算最早起源于美国，经过不断探索，形成了一些成熟的制度与做法。其探索轨迹与发展经验对其他发达国家产生了深刻影响。研究具有示范性的美国绩效预算立法及其反腐败功能，意义深远。

一、美国公共财政绩效预算立法概览

（一）立法的背景

美国是绩效预算理论和实践的发源地，其绩效预算是美联邦政府在新公共管理理念与政治民主化的背景下，所采用的追求高效率的一种预算管理方式。[①] 美国的绩效预算经过多年的发展，已成为一种流行于全球范围的预算模式与制度。

美国自建国后长期采用平衡预算模式。第一次世界大战结束后，由于战时开支了巨量的军费，引起了政府的巨大赤字。而其时的政府财政支出缺乏有效监督，导致腐败严重。在此背景下，1921 年，美国国会通过了《预算与会计法案》。该法案要求总统向国会遵守包括政府所有部门开支的年度预算，同时还规定建立预算局（1970 年改名为管理与预算办公室为总统编制预算，由此奠定了美国现代预算

① 胡剑桥. 美国绩效预算发展历程及对我国的借鉴意义［J］. 商业文化（学术版），2010（7）：97.

管理制度的基本框架，标志着部门预算管理被纳入美国联邦预算范畴。

第二次世界大战结束后，随着政府规模的扩大，美国财政收支占国内生产总值（GDP）的比重不断提高，加强财政资金管理的任务也更为迫切。1950 年，受胡佛委员会报告的推动，美国国会通过了《预算与会计程序法案》，明确要求政府提供预算绩效信息。这是美国绩效预算的开端，然而绩效预算在当时并没有推广开来。

20 世纪 90 年代，新一轮绩效预算逐步发展成为时代潮流。①

（二）立法的发展历程

1. 绩效预算的起源

绩效预算作为一个概念，最早在 1907 年被美国纽约市政研究局提出，其意是协助管理与调控。最早的绩效预算的思想出现在 1912 年，其时，美国联邦政府就提出了政府官员应当把支出与提供的成果相结合。1934 年，农业部开始采用绩效预算，同期，田纳西流域工程管理局提出并实施了与项目和任务要求相适应的预算分类计划。随着战后经济的高速发展，简单的预算分类方法逐渐不能适应复杂的公共预算管理的需要。1949 年，胡佛委员会根据 1948 年海军提交的"既以传统支出预算为基础，又以项目为基础"的年度预算，在《预算与会计报告》中提出要采用以功能、活动和项目为基础的预算，强调在编制预算过程中更加重视产出而非投入，首次将成本理念融入了公共财政领域。这个报告初步体现了绩效预算思想。从此正式的绩效预算管理开始出现于美国。但由于对某些部门的支出项目难以进行评估和成本效益分析，绩效预算并没有得到普遍推广。随后，这种预算方法被 20 世纪 60 年代的设计—规划—预算制度、70 年代

① 张俊伟. 绩效预算改革的背景与内涵［N］. 中国经济时报，2013-10-08（005）.

初的目标管理模式和70年代末的零基预算等方法所取代。①

1985年后，国会先后通过了《公共预算强制法》《信用改革法》《首席财务官法案》等法律。这些法律的通过，在很大程度上为克林顿政府全面开展绩效预算打下了法律基础。法律的通过和实施使得各部门明确认识到预算改革势在必行，因此对于绩效预算渐渐开始配合。绩效预算改革的兴起有了必备的法律基础。②

2. 绩效预算立法的发展

随着新一轮绩效预算改革的兴起，1992年，克林顿政府提出"再造政府"的目标，绩效预算又成为美国政府改革的核心。

1993年，国家绩效评估委员会成立，负责绩效预算的监管和执行，绩效改革在美国全面展开。同年，美国国会通过了《政府绩效和结果法案》，对历次预算管理制度革新进行了立法性总结，并提出了新绩效预算改革的基本理念与思路。③

2001年，小布什政府将私营部门的评估理念进一步引入美国联邦政府管理领域，将绩效预算的发展推向了一个全新的阶段。④

2002年，美国白宫管理与预算办公室推出项目评估比率工具(PART)，用于预算分析和决策。PART使绩效与预算的联系变得更紧密、更清晰。

2004年3月，美国国会又通过了《项目评估与结果法案》，要求管理与预算办公室至少每五年对所有政府项目进行一次评估，重点评估项目的目的、计划、管理和结果等。新绩效预算由此真正建立，它提高了政府工作效率，使美国政府结束了长达近40年的预算赤字

① 胡剑桥. 美国绩效预算发展历程及对我国的借鉴意义［J］. 商业文化（学术版），2010(7)：97.

② 罗丹，汤好洁. 美国绩效预算制度兴起的原因分析［J］. 法制与社会，2013（5）：243-245.

③ 李小迪. 美国绩效预算的实践及其启示［J］. 宏观经济研究，2007（9）：57-63.

④ 胡剑桥. 美国绩效预算发展历程及对我国的借鉴意义［J］. 商业文化（学术版），2010(7)：97.

历史，实现连续财政盈余。

美国关于绩效预算管理的探索还在进行中。

总之，近百年来，美国绩效预算的每次改革与制度革新都遵循了相同的政治理念——提高政府的信托责任。这样一种政治理念源自美国宪法的基本原则——主权在民原则。在这种理念的指导下，为了总结和固化历次预算管理制度革新的有益经验，有效地推行公共部门绩效评估活动，美国出台了许多相关的法律、法规。其中影响最广泛的是1993年的《政府绩效和结果法案》，它是美国推行政府绩效评估的纲领性文件，也是美国联邦政府由上至下的，对历次预算管理制度革新的立法性总结。①

3. 美国联邦预算重大事件与重要法案枚举

1789年，美国宪法赋予国会征税和借款的权力，要求所有预算支出必须经国会批准后才可从财政部支出。

1802年，成立众议院筹款方式与方法委员会。

1816年，成立参议院财政委员会。

1865年，成立众议院拨款委员会。

1867年，成立参议院拨款委员会。

1870年，国会制定《反超支法案》，规定财政资金使用要避免过度支出产生赤字。

1921年，国会制定《预算与会计法案》，授权总统在预算编制中起主导作用。在财政部成立预算局和政府审计办公室。

1939年，将预算局由财政部移至总统行政办公室，并扩大其职责权限。

1974年，国会制定《预算和截留控制法案》，建立国会的预算审议流程，成立众议院和参议院预算委员会，成立国会预算办公室。

1980年，国会启动预算综合修正程序，在国会预算审议过程中

① 王熙. 美国预算制度变迁及其对中国的启示［J］. 中央财经大学学报，2010（2）：16-20.

第一次使用修正议案。

1985 年，国会制定《平衡预算和紧急赤字控制法案》，设立预算赤字减少的目标。

1990 年，国会制定《预算执行法案》，建立自主支出的上限和法定支出的量入为出原则。

1991 年，国会制定《首席财务官法案》，规定每个主要行政部门要配备一名首席财务官，对本单位的预算实行整体控制，参与本部门会计和预算管理的全过程。

1993 年，国会制定《政府绩效和结果法案》，规定自 1999 财年开始，政府所有项目开支要制定绩效管理措施并进行绩效评价。

1995 年，国会制定未安排资金委托事权法，对 1974 年国会《预算和截留控制法案》进行了修改，限制联邦政府未经国会的充分研究和审议，向州、地方和部族政府或私人部门委托不提供资金的事权。

1998—2001 年连续四年出现财政盈余后，《预算执行法案》终止。

2002 年，美国重新出现财政赤字，并在以后的财年屡创新高，2009 年达到 1.4 万亿美元。2010 年美国财政赤字 1.3 万亿美元，赤字率 8.9%；国债余额 13.5 万亿美元，债务率 92.5%。

2004 年 3 月，美国国会通过《项目评估与结果法案》，要求管理与预算办公室至少每五年对所有政府项目进行一次评估，重点评估项目的目的、计划、管理和结果等。

（三）立法的主要内容

与绩效预算直接相关的法律有《预算与会计法案》《项目评估与

结果法案》《政府绩效和结果法案》《首席财务官法案》 等。[1]

1. 机构设置

（1）总统管理与预算办公室。

主要任务是编制预算，其收入预算的主要信息资料来源于美国财政部，支出预算则由各部、机构提出各自的预算方案，经核查后统一汇编出联邦预算，交总统审核。

（2）国会中的相关机构。

由参众两院组成，机构主要有：参众两院拨款委员会、筹款委员会、预算委员会、国会预算办公室和会计总监局。[2]

2. 《政府绩效和结果法案》

1993 年美国国会颁布了《政府绩效和结果法案》，这是世界上第一次以立法形式将评估制度固定下来，从此绩效预算推行有了法律保障。该法案规定美国政府要对政府支出进行系统的绩效评价，并将绩效评价结果作为预算决策的重要依据。具体来说，该法案要求：所有的联邦政府部门必须在每一个财政年度之前编制该年度绩效计划，设立明确的绩效目标；总统预算办公室在各部门的年度绩效计划的基础上编制总体的年度绩效计划，它是总统预算的一部分；各部门的预算安排应与其绩效目标相对应，并且须提交给国会审议；在每一个财政年度结束之时，各联邦政府部门须向总统和国会提交年度绩效报告，对实际绩效结果与年度绩效目标进行比较。《政府绩效和结果法案》的颁布实施说明绩效预算在美国已经形成比较成熟的制度体系，对美国提高支出效益发挥了重要的作用。[3]

3. 绩效预算评价体系

美国建立了比较完善的财政支出绩效评价体系。①每个政府必须制订六年的战略计划，每隔三年对其进行调整。战略计划的内容包

---

① 金展庆. 对借鉴美国政府绩效预算的一点思考［J］. 经济师，2008（3）：67-68.
② 金展庆. 对借鉴美国政府绩效预算的一点思考［J］. 经济师，2008（3）：67-68.
③ 金展庆. 对借鉴美国政府绩效预算的一点思考［J］. 经济师，2008（3）：67-68.

括：本部门的工作任务，总体的工作目标及如何实现目标，战略计划中总目标与年度绩效目标的关系，影响绩效总目标实现的主要外部因素，等等。战略计划起到一个战略规划的作用。②在战略计划的框架之内，制订年度绩效计划。年度的绩效目标来自战略计划的总目标，年度计划实现的目标是实现战略计划总目标的一部分。③在年度绩效计划实施之后要形成年度绩效报告。从计划、实施、测定到评估形成了一个完整的评价周期。从不同的层面和程序构建了系统的绩效评价体系。[①]

4. 监督检查制度

为监督预算的执行，美国建立了一套体系完整、职责明确、依据充分的监督制度。

美国宪法第一条第七、八、九项和修正案第十六条规定了国会的征税权、举债权和拨款权，国会运用此三项权力征收税、发行公债以及为联邦政府开支授权和拨款。此外通过 1921 年《预算与会计法案》、1974 年《预算和截流控制法案》、1985 年《平衡预算和紧急赤字控制法案》、1993 年《政府绩效和结果法案》等，规定了国会和行政部门在绩效预算中各自的职责和作用，行政部门编制的绩效预算要通过国会的审议。国会在绩效预算确定过程中发挥了比较独立和重要的作用。通过严密的职权设计和程序保障，从预算的形成、审批，预算的划拨、执行、调整到最后的决算，预算管理的全过程都有规范的程序。

美国还制定了《联邦绩效检查》，对《政府绩效和结果法案》的实施进行检查。由副总统负责此项工作，以检查该法案的目标是否实现。事实证明这项措施产生了较好效果。[②]

经过不断的改革与发展，美国已形成了一套较为先进的绩效预

---

① 金展庆. 对借鉴美国政府绩效预算的一点思考［J］. 经济师，2008（3）：67-68.

② 金展庆. 对借鉴美国政府绩效预算的一点思考［J］. 经济师，2008（3）：67-68.

算与管理体制，并取得了显著成效。

二、美国公共财政绩效预算立法的反腐败功能

（一）美国绩效预算促进预算透明对腐败的防治

美国在一个世纪以前，其腐败程度和后果也是相当严重。快速增长的经济、迅速扩张的政府规模以及地方政府对公共资源的支配能力的加强，是导致腐败的重要原因。[①] 经济的快速增长，一方面使得公职人员在腐败中可以获取更多的不正当收入。另一方面，大规模的市政建设投资又为公职人员的腐败创造了资源和空间。[②]

推动美国逐渐走出腐败困境的重要原因之一就是美国以预算公开透明为改革理念的预算民主改革。20 世纪初，美国纽约市政研究局的 ABC 小组举办了“预算展览”，向市民集中展示了政府预算支出的方向、规模和成效。这种形式有助于普通民众对预算进行了解和监督。[③] 预算展览首创了从预算公开的角度来预防腐败，并取得了显著效果。由此开始的美国绩效预算改革运动也就是通过控制预算、公开预算信息来进行腐败防治。[④] 第一，引入会计等技术手段，达到抑制腐败的目的。第二，创新预算改革理念，引入预算规范程序。第三，预算过程要公开透明。改革者认为预算文件的公开透明是对公众负责的表现。政府需要对预算进行宣传，使普通民众意识到预算与自身的利益密切相关，这样才可以增强民众参与预算的积极性，才会有

① 张晋武. 欧美发达国家的多年期预算及其借鉴［J］. 外国财经，2001（10）：74-77.

② 赵喜林. 预算民主与腐败防治研究［D］. 长沙：湖南大学，2012.

③ 王绍光. 美国进步时代的启示［M］. 北京：中国财政经济出版社，2002：93-101.

④ 牛美丽. 美国公共预算改革：在实践中追求预算理性［J］. 武汉大学学报（社会科学版），2003（6）：795-801.

可能对预算进行有效的监督，客观上对官员腐败行为也具有防治作用。①

（二）有利于防治腐败的绩效预算问责的功效

美国的财政年度为当年 10 月 1 日至次年 9 月 30 日，但完整的政府预算周期跨度长达 37 个月，历经行政机关的预算编制、立法机关的预算审批、行政机关的预算执行和相关主体的决算评审这四个环节，其中有 12 个月的预算编制期和 9 个月的预算审批期。由总统及其行政机构负责编制并向国会提交预算，国会对预算进行审批，财政部和总统管理与预算办公室执行，政府责任署监督②。如果总统和国会对预算有冲突，就要走法定程序重新审批，直至预算通过。这样一来，预算周期较长，留出了充足的时间使各个相关主体对预算环节进行沟通、协商、诉求和审批，为预算编制的科学化和规范化创造了条件。因此，美国绩效预算是由行政机关和立法机关共同完成的，法制化程度较高，程序相当严格。③

美国的立法机构对政府的预算流程具有决定性的权力，如果立法机构没有批准政府提出的预算，那政府就会面临“关门”风险。

三、启　示

美国绩效预算的成功得益于如下的制度设计和可操作的措施。

---

① 赵喜林. 预算民主与腐败防治研究［D］. 长沙：湖南大学，2012.

② 肖鹏，李燕. 美国政府预算制度［M］. 北京：经济科学出版社，2017：77-84+247.

③ 王莉莉. 中国政府预算绩效管理制度优化与国际经验借鉴研究［D］. 保定：河北大学，2019.

（一）设立总法律顾问制度

美国财政部专门设立了总法律顾问办公室，配备有2000多名从事法律事务工作的专职律师，这些律师分布在财政部所属各机构从事法律事务，对总法律顾问办公室负责。财政部制定的规章制度，都要经过总法律顾问办公室的审查同意；2000多名律师参与财政法律和规章制度制定的全过程，提供法律意见。同时，总法律顾问办公室参与财政部的重大决策过程，并提出法律意见。这对于保障财政部严格按照法律规定实施财政管理发挥了重要作用。

（二）通过立法确保绩效预算的实施

纵观美国绩效预算和评估史，每一次绩效评估的发起，评估程序、绩效信息使用制度等的设计，都有立法的支持。相关的立法成果既包括联邦政府的《首席财务官法案》《政府绩效和结果法案》《联邦采购简化法案》《联邦财政管理改进法案》，也包括州与地方的一些有关绩效评估的立法，如伊利诺伊州的《机构绩效评审法案》、路易斯安那州1997年的《路易斯安那政府绩效责任法案》，还有缅因州要求实施绩效预算的1995年《公共法案》、得克萨斯州要求所有州机构向议会提交绩效报告的《普通拨款法案》以及奥斯汀市议会通过的由审计长办公室提供的《绩效测量与报告决议》等。绩效评估借助于法律，具有了延续性。①

① 胡剑桥. 美国绩效预算发展历程及对我国的借鉴意义［J］. 商业文化（学术版），2010（7）：97.

（三）完备的预算编制审批程序

美国联邦预算从编制到国会通过历时长达近 1 年半，在政府编制预算及国会审议预算各具体阶段，相关管理主体都要对预算内容进行充分的研究论证和沟通协商，并通过具体制度安排，为各相关利益主体提供表达预算诉求的机会。如国会审议政府提交预算草案时，可举行听证会，要求部门首长说明有关情况，接受询问和质询，各部门首长也可为本部门预算安排进行辩护。预算通过后，除涉及国家安全和秘密的内容外，管理与预算办公室要及时公开汇总版本，各部门要及时公开本部门预算。通过这些具体的制度程序设计和相关主体的参与，促进和保障了预算收支安排的科学合理。

（四）多样化的绩效评估

美国并不存在单一的涉及绩效评估的法规或行政命令，而是由各立法主体自行制定相关的法律，或由行政首长发布相应的命令，这种分散的、多样的制度化意味着各法案之间或者行政命令之间没有单一制国家所存在的节制关系。从时间上看，各级政府在出台法规、发布行政命令上必然会存在很大的差异性；从内容上看，不同的政府法规或行政命令所关注的焦点并不完全一致：有的重心在于绩效预算，例如得克萨斯州 1991 年以立法的形式有效地将绩效指标用于预算拨款；有的重心在于基准化，例如 20 世纪 80 年代俄勒冈州在公众与私营部门的广泛参与下建立起了俄勒冈基准；有的重心在于绩效指标，例如 1990 年政府会计标准委员会得出的结论是，政府财务报告中很少包括有用的绩效信息，而 2002 年有关州与地方政府绩效测量情况的调查结果则显示，在被调查者的相应机构、项目、部门中至少半数应用绩效指标。相对而言，当一些新的绩效评估模式出现时，纵向分权能够保证各级政府给予工作的延续性以足够的关注，更加实事求是，而不是单纯地服从命令。正是这种多样性保证了大多数地方采用适合于自身情况的绩效预算。

（五）严格政府债务管理

美国重视控制财政赤字，防范财政风险。早在 19 世纪 70 年代，国会即制定了《反超支法》，对超预算拨款支出进行限制，对控制赤字和债务增加发挥了重要作用，该法的有关规定今天仍在执行。1985 年，针对逐年增长的财政赤字，国会制定了《平衡预算和紧急赤字控制法案》，专门对赤字控制问题以法律形式进行规范，设定“最高赤字额”，一旦突破，总统可按法定程序对有关支出进行强制扣减。在该法基础上，1990 年，国会制定的《预算执行法案》，完善了赤字控制办法。这两部法律的执行，对美国自 1998 年至 2001 年实现财政盈余发挥了十分重要的作用。

这些制度设计与措施，值得我们在推进中国特色预算绩效管理立法时加以比较、借鉴。

第六章　英国公共财政绩效预算立法及其反腐败功能研究

英国是典型的议会制君主立宪国家，议会早在 1852 年就取得了对财政活动的全面控制权，是世界上第一个确立现代预算管理制度的国家。

一、英国公共财政绩效预算立法概览

（一）立法背景

20 世纪 70 年代，英国出现严重的社会和经济问题，促使英国政府进行改革。这也使得英国成为新公共管理运动的先驱。1997 年的选举后，工党成为议会多数党。工党上台之后，就开始实施全面支出评估，并引入了中期支出管理框架和更加注重绩效的公共服务协议，最终进行绩效预算改革。

（二）立法的发展历程与主要内容

英国是欧洲绩效预算立法的先行者。其绩效预算立法大致经历了效率优先立法阶段与质量优先立法阶段。

20 世纪 70 年代末 80 年代初为效率优先立法阶段，重要标志是 1982 年英国政府颁布的《财务管理新方案》，该方案要求把经济性、效率性和效益性分解为大量的指标，对预算绩效进行评估。目的在于实施成本控制，以提高公共部门的效率。

1986 年以后英国进入质量优先立法阶段，考评的主要内容转向效益和顾客满意度。1994 年英国政府发表白皮书，开始实施以权责发生制为核算基础的资源会计与预算制度，这标志着英国政府预算管理的重点从投入逐步转向成果和产出。1998 年，为了进一步实施以成果和产出为重点的预算管理改革，英国政府首次对各个政府部门的支出项目实施了全面审查，并要求各个部门提交公共服务协议以及服务交付协议，这些协议可以看作是各个政府部门向公众有效提供公共服务的一种承诺。2000 年英国议会通过了《政府资源与会计法案》，确定了权责发生制原则在预算管理中的地位。这一阶段立法的重点是让各部门牢固树立“结果为本”的绩效意识，使英国的预算绩效管理不断向纵深发展。①

（三）参与英国绩效预算的主要机构

1. 财政部

英国的财政部主要负责预算的编制工作。除此之外，还负责税收征管，控制公共支出，审查提交议会讨论的预算，并对政府各部门的预算进行监督。

2. 议会

英国的议会负责行使预算的审批权。因此议会负责对政府确定的当年税收和公共支出计划进行审批，临时预算及预算调整方案也须得到议会的批准，议会还负责监督预算的执行情况和预算支出的绩效进程及完成情况。英国议会中并没有单一的专门的预算委员会，从 1979 年起，议会为每个部门设立一个特别委员会，目的是审查这

① 夏先德. 全过程预算绩效管理机制研究［J］. 财政研究，2013（4）：11-16.

个部门的支出与管理。

3. 政府内阁

在英国政治体制中，内阁是一个由首相组建的、由最资深的政府部长组成的正式体制。内阁的大多数成员都是具有国务大臣头衔的英国政府部门的首长。内阁的成员只能从英国上议院和下议院的议员中选取。内阁在预算中主要负责确定年度收支计划和五年的滚动远期规划，负责讨论确定提交议会的财政预算，审批各部门与政府签订的公共服务协议，监督各部门绩效目标的完成情况，审查各部门定期报告的绩效进展和完成情况。

4. 国库

国库主要负责英国的公共支出计划与管理，提供公共支出的拨付服务。出纳署通过各部门的账户监控国库资金的流入、流出和流向，为英国国库进行现金管理，为国库融资。

5. 审计署

审计署主要负责预算的监督工作。它会对财政支出绩效进行评估、审计，对国库的支出进行检查，对政府各部门和其他公共机构账户进行检查。

6. 执行机构

20 世纪 80 年代，英国开始引入政府部门的执行机构，建立了约 130 个执行机构，各部门对其执行机构的绩效向议会负责。实践中，英国公共部门大部分是由执行机构具体从事预算行为。这也是英国预算改革的核心内容之一，通过执行机构的设立来精简政府部门的职能，提高了政府工作的效率。

（四）英国绩效预算的法律框架

1. 法律

1866 年《国库与审计部门法》授予财政部预算决策权。1998 年《财政法》里引入了保持财政稳定的基本原则，要求财政部制定体现这些原则的规章，要求财政部准备预算前，提交预算和债务报告。2000 年《政府资源与会计法案》引入了权责发生制。

2. 法规

《财政稳定规章》规定了财政管理的基本原则，财政和债务管理制度的目标和操作以及各种预算报告的内容。

3. 通过内阁和财政部的决定

通过内阁和财政部的决定引入的改变包括：财政规则，黄金准则（公共债务所占 GDP 的百分比维持在稳定和审慎的范围内），设立约 130 个行政代理机构，简化拨款结构，等等。

除此之外，英国的《议会法》《国家借贷法》《国家审计法》《审计委员会法》，以及地方政府法规里都有涉及绩效预算的一些内容。

英国并没有通过宪法来界定立法机构、行政机构在预算过程中的权责。其不成文宪法的体现主要是以其内在的价值去影响立法。对于英国而言，预算过程中行政机构已经拥有权力，并不需要立法机构的授权。法律并不是英国预算改革的前置条件，而是事后保障，是作为确认改革进行的手段。[①]

① OCED. Comparisons of OECD country legal frameworks for budget systems [J]. OECD Journal on Budgeting, 2006, 4 (3): 59-123.

（五）绩效预算监督的程序和内容

1. 收入监督

英国预算收入中最为重要的就是税收收入，而议会也主要通过控制税收来监督预算收入。议会对税收的监控分为两类：一是永久性税收立法，即不需要每年经过议会审议，政府可以按照相关规定征收，如关税等，此类税种的收入占总税种的3/4左右；二是每年议会必须通过的年度财政法案，包括所得税、公司税、茶税和酒税等，其中对所得税率进行调整是非常重要的一项内容。

2. 支出监督

政府在获得议会授权筹款后，全部预算收入款项都必须存入在英格兰银行开设的国家账户，即统一的国家基金，而政府的全部预算支出也都要从这个国家基金中拨付。如果拨付，政府还须获得议会授权。议会主要通过以下几条途径来监督政府预算支出：一是年度授权制。年度预算支出是每年都要经过议会审批才能得到拨款的支出，大多数政府预算开支属于这类。议会通过年度授权制度有力地控制了预算支出。二是专项拨款制。议会拨给政府的款项都是专项拨款，专款专用，不得挪作他用。三是拨款审议制。政府向下议院提交年度开支概算和经费申请后，下议院全院大会要对概算举行审议表决，最后形成若干法案，授权英格兰银行向政府支付款项。四是余款退还制。如果政府经费出现富余，必须退还统一的国家基金，不能直接转作下一财年的经费。五是开支审计制。议会通过拨款法案后，还要对政府开支进行审计。

3. 预算收支的审批

预算的审批对议会而言，是非常关键的环节。英国采用“三读”制度来进行预算审批，即下议院分别三次审议预算。最后，该法案送交上议院批准并经国王签署后正式颁布。

（六）签订公共服务协议

英国的绩效预算改革中要求政府和各部门签订公共服务协议，在协议中要明确规定部门的战略目标、绩效目标和具体的绩效指标。各部门的战略目标由财政部与各部门协商决定，其他内容则由各部门自行决定，但各部门的公共服务协议最终需要内阁委员会和首相办公室讨论决定。公共服务协议中很重要的组成部分就是要对谁对服务的提供承担责任进行陈述。另外公共服务协议框架内要对公共服务设定绩效等级，即公共部门根据绩效指标要对其提供的服务进行等级排序。绩效等级所带来的改革就是在部门内引入基于绩效水平的管理改革，绩效好的部门将得到增加其部门自主权的奖励。①

（七）绩效评估

英国对公共部门的绩效评估采取的是一种外向型的绩效评价制度。其绩效评价范围广泛、评价主体多元化。②

1. 绩效评价对象

英国政府的绩效评价对象包括项目评价、基层单位评价、地方政府评估、政府部门评估。

2. 绩效评估的内容

第一，经济性评估。往往会针对成本与投入的比率、行政开发与业务开支的比率、人均开支、经济改进余地、资源浪费程度等进行评估，目的是促进英国政府部门树立成本意识，实现资金的价值。第

---

① 吕昕阳. 典型发达国家绩效预算改革研究［M］. 北京：中国社会科学出版社，2011.

② 吕昕阳. 英国绩效预算改革研究［J］. 经济研究导刊，2011（22）：24-26.

二，效率性评估。英国政府在长期的实践中，设计和开发了一套行之有效的效率测定技术方法，可以测量一种活动或一个部门组织投入和产出之间的比率。效率关心的是手段问题，而且这种手段是以货币方式加以表达与比较的。第三，效益性评估。效益是指产出和效果之间的关系，即产出对最终目标实现所作贡献的大小，政策目标的实现程度如何。[①]

3. 绩效评价的应用

对于绩效好的部门与地方政府，会予以奖励，一部分是财政资金奖励，另一部分是扩大地方自治权。绩效评估的结果已成为调整政府长期经济目标和计划的依据，绩效评估也是财政部对各部门制订以后年度预算的依据，绩效评估的结果也作为是否落实议会和内阁对政府各部门行政责任制的重要依据。[②]

二、英国公共财政绩效预算立法的反腐败功能

英国绩效预算促进了权力制衡对腐败的防治。英国历史上的政治腐败现象也是十分严重。从对大量的文献资料以及历史事件分析可知，英国主要采用外部监督和内部监督相结合的腐败防治形式。但是无论是外部监督还是内部监督，都是把腐败防治的重点放在限制“人”上，而忽略了对“财”的监督，这就是英国无法从根本上对腐败进行防治的原因之一。

英国在20世纪中期开始意识到现代预算对政府的重要意义，开始构建公共预算体系来限制政府的用财。英国规制用财的腐败防治

① Noman Z. Performance budgeting in the United Kingdom [J]. OECD Journal on Budgeting, 2008, 8 (1): 75-90.

② OECD. Performance budgeting in OECD countries [M]. Paris: OECD Publishing, 2007.

网络是把政府内部监督、立法监督、司法监督、审计监督相结合，构建了一个全方位的权力制衡的腐败防治体系。① 这就在客观上约束了官员腐败的资源和空间，为我国通过预算民主促进腐败防治提供了一定的启示意义。

（一）政府内部监督

在英国，很多政府部门内部就设立了监督机制，其中，财政部、国民保健署、税务海关总署、就业和养老金部、国防部 5 个部门最有特色，对腐败行为的管理也最直接。财政部依靠每年提交的报告对政府内欺诈行为进行监督；国民保健署、税务海关总署、就业和养老金部、国防部分别设立专门机构或者组织，对欺诈或腐败行为进行调查和监督。②

（二）立法监督

英国是第一个制定反腐法律的国家，通过了很多重要的反腐败立法。1989 年通过第一部反腐败法，即《公共机构腐败行为法》，该法令对政府官员接受礼物等物质利益的具体细节做了明确的界定。2003 年 3 月，英国公布了《反贿赂法（草案）》；2012 年 4 月，英国《反贿赂法》正式通过。该法的目的是建立涵盖境内外贿赂行为的法律框架。

预算民主的核心是代议机关的预算审批权。代议机关要拥有预算的实质监督权力，才能成为威慑政府的一种监督力量。在英国，政府对议会负责，议会有权对政府进行监督。具体的监督权力包括质询权、调查权、倒阁权和弹劾权等。英国议会对政府预算的控制主要通

① 王淑杰，孟金环. 英国议会监督预算制度及借鉴［J］. 创新，2010，4（4）：76-79.

② 赵喜林. 预算民主与腐败防治研究［D］. 长沙：湖南大学，2012.

过权力制衡来实现，以配套的运行机制作为重要保证①：①议会质询制。对预算编制、预算执行中的问题，议会可以对政府官员进行质询。这是一种主动监督，具体包括口头质询和书面质询。对于议会质询，政府需要作出明确的答复。②议会辩论制。英国对法案的审议都采用辩论形式。除了立法，全院大会都采用辩论方式来监督政府。③议会听证制。英国听证遵循自然公正原则，具体内容是：任何人或团体在行使权力时，如果可能使其他人受到不利影响，那么必须听取对方的意见；任何人或团体不能作为审判自己案件的法官。英国的听证制度广泛应用于预算分配以及预算决策过程。②

（三）司法监督

英国的司法机关完全独立于政府，可以通过普通法院的判决对政府及其官员的行为进行监督。行政裁判所的裁决权由议会授予，不受任何形式的行政干预，从而有效地保证了其独立性。英国设有资产追缴局，检察部门还设有严重欺诈局，专门对政府官员的欺诈和腐败行为进行调查和监督。③

（四）审计监督

其主要监督机构及其职责如下：①国家审计署。负责对所有政府机构、一些社会团体，以及某些国外组织的财政开支进行审计，并向下议院提交审计报告。②公共账目委员会。这是英国下议院的常务委员会。对于该委员会提交的报告，政府的回复期限有明确的规定：必须在两个月内予以回复。委员会再根据回复来做出下一步

① 张晋武. 欧美发达国家的多年期预算及其借鉴［J］. 外国财经，2001（10）：74-77.
② 赵喜林. 预算民主与腐败防治研究［D］. 长沙：湖南大学，2012.
③ 赵喜林. 预算民主与腐败防治研究［D］. 长沙：湖南大学，2012.

的决策，看是否需要针对特定的预算项目进行具体调查。③审计委员会。这个机构主要监督一般的审计问题，同时负责对具体的审计行为提出一些有效的建议，并对全国的欺诈与腐败发生的可能性概率进行预测。[①]

综上，英国主要从权力制衡角度来推进预算民主改革。从英国的全方位的监督体系以及代议机关预算监督的机制建设来看，英国已经形成了具有法制权威性的预算监督体制，再结合民选制的外部监督，以及政府的内部监督，这样就实现了对公权力的有效制约，从而提高了政府的行政效率，最大限度地减小了政府官员腐败的可能性。

三、启　示

纵观英国绩效预算的特点和几十年的探索经验，这些特点和经验可为中国加强绩效预算与评估提供有益的借鉴。

在绩效预算过程中，绩效目标、评价指标和标准的制定以部门为主，财政部等预算管理机构进行指导，并征求其他评估者、技术专家和民众的意见。

在预算执行过程中，英国赋予部门和机构较大的灵活性和自主权：首先，保证一年支出计划不得突破总额限制；其次，财政年度内允许财政资金拨转，一个部门可以在一个决议拨款中的两个款项之间进行拨转；最后，给予一线雇员更大的资源配置权力，给予地方政府在资金使用、监控方面更多的自主权。一定程度的灵活性和自主权，可以使执行部门根据情况的变化及时将资源配置到最具战略优先需要的项目上去，有利于提高政府公共资源的分配效率。

① 赵喜林. 预算民主与腐败防治研究［D］. 湖南大学，2012.

英国绩效预算，使得英国政府重新赢得公众的信任。可以说，绩效预算已成为英国公共改革的里程碑。[①] 英国政府对绩效预算改革强有力的持续支持，是英国绩效预算改革成功的重要原因。此外，建立绩效预算与评估制度也是为了制约权力，杜绝腐败。

① 吕昕阳. 英国绩效预算改革研究［J］. 经济研究导刊，2011（22）：24-26.

第七章　澳大利亚公共财政绩效预算立法及其反腐败功能研究

一、澳大利亚公共财政绩效预算立法概览

（一）立法背景

“二战”后，澳大利亚长期奉行凯恩斯主义。在经济萧条时期，澳大利亚政府通过增加支出、扩张公共部门来刺激就业；但在繁荣时期，却无法降低政府预算，结果导致政府规模不断扩大。

在20世纪70年代，澳大利亚政府预算管理的重点是支出控制，各部门预算由财政部编制，预算编制权和财政管理权高度集中于中央政府。在没有得到中央财政批准之前，各部门不能使用任何资金。进入80年代以后，为加强政府公共支出管理，遏制政府开支迅猛增长的势头，提高政府公共管理的公开性、有效性，提高财政预算的效率、效果和透明度，澳大利亚政府开始推行绩效预算改革。

1999—2000年，政府和议会达成了广泛共识，并创建了一套全新的预算及绩效预算报告制度。此后，这些制度在实践中不断得到完善。

（二）立法的主要内容

1. 规定澳大利亚政府预算流程

澳大利亚的预算年度从每年7月1日起到次年6月30日止。7—9月，政府对上年度预算进行全面审核，并为下年度预算编制做准备。10月，政府各部门开始编制本部门预算。11—12月，各部门预算及财政部汇编的政府支出预算同时报送支出审查委员会，高级审查委员会开会审议各部门预算。次年1月，总理对各部门预算提出修改意见。2月，总理与财政部研究讨论政府支出预算草案。3月到4月，支出审查委员会研究审核部门预算及财政部门所编政府支出预算。4月，国库部将其所编收入预算及支出审查委员通过的政府支出预算一并报内阁审查。5月，内阁将政府预算报议会审议。议会在6月30日以前正式批准预算。

2. 规定澳大利亚绩效预算的机构

（1）国库部和财政部。1976年以后，澳大利亚政府将财政管理职能交给两个联邦部负责：国库部与财政部。国库部负责制定宏观经济政策和财政政策、提出预算（特别是收入预算）建议、起草预算草案报告、征收税款、确定财政转移支付等。国库部长负责向议会提交并宣读预算报告。财政部主要负责执行预算、监管各部门财政支出、提出支出预算建议、制定会计标准等。

（2）议会。澳大利亚议会审查监督预算。澳大利亚政府体制通常被称为“议会政府体制”，没有法律授权，没有任何财政资金能从国库中支取，政府的重要工作就是让钱花得与议会批准的方案相一致。在立法方面，参众两院享有同等权力，但有关财税方面的立法权则在众议院。参议院对财税方面的议案也无权进行修改，但可向众议院提出修改意见，众议院决定是否修改，再经两院通过后交联邦总督批准，形成议会法令后执行。

（3）审计署。独立于政府之外，直接对议会负责。职责是帮助议会改进政府监督管理和评估。审计署每年的审计计划要与公共账目相统一，并和审计委员会协商，得到议会的批准。其审计报告也要由该委员会审议，并对其审计质量进行评价。审计署设有专门的绩效审计机构，其主要职能有：提出绩效审计报告，财务审计报告，基准线服务（基本标准线），良好行为规范，等等。

3. 立法为绩效预算保驾护航

1992年的《基于绩效的支付协议法案》将公共财政支付协议的出发点确定为项目可能达到的绩效，关注公共财政项目支出的成果。1997年《联邦机构和联邦企业法》主要对澳大利亚联邦机构和联邦政府企业的财务报告和财务责任进行了明确而细致的规定；重新修订的《审计长法》明确规定了审计署的绩效审计职责和内容。1998年的《预算报表诚信法》确定了合理财政的原则，规定了政府财政和经济展望报告的形式和内容，正式将权责发生制作为政府会计制度基本准则。1999年的《财政管理及问责法案》，从财务管理方面对部门和政府公务人员的绩效职责进行了规定；《公共服务法》明确规定了公共服务人员责任和权力之间的关系，以提高公共服务的效率和实现服务效果的最大化。逐步建立起财政信息公开制度、绩效责任制和规范的政府财务会计核算体系，为全面开展评估工作奠定了良好的法律基础。

4. 强调部门的预算管理权责

澳大利亚绩效预算确定部门战略计划、绩效目标、评价指标、预算规模，赋予部门预算管理自主权，以绩效目标为约束手段，强化部门绩效责任。

5. 明确的绩效目标框架

澳大利亚预算根据政府未来战略规划编制，如《联邦预算战略展望（2010—2011）》不仅全面反映了2010至2011年度预算编制情况，而且对未来两年的预算进行了预测。财政部门和各部门根据预算指导框架制定绩效目标，并详细分解到下属各单位。

6. 完备的预算绩效指标体系

澳大利亚预算绩效指标体系一般由公平、效率和效果三个要素（部分州还强调了经济性）构成，主要表现为投入、产出、效率、结果四个方面。

澳大利亚联邦财政部在2010年发布的绩效信息指南中，对绩效指标数据质量作出明确规定：一是及时性，即数据在合理的时间内取得，避免因数据过时而造成统计信息不准确、无法体现当前绩效真实情况等问题；二是实用性，即使用具有可操作性的考评方式和数据采集系统；三是可比性，即可以在同一类目标群内或相似项目间进行比较；四是准确性，即能够清楚、准确地计量相关数据；五是平衡性，即在实现预期目标有效、及时、适当等方面要体现平衡性。

7. 有效的绩效评价

澳大利亚绩效评价强调评估主体的多元化和公民的广泛参与性。主要有以下三种方式。一是综合绩效评价。即全国政府服务整体绩效评价，组织者是总理内阁部内设的政府服务筹划指导委员会，每年一次。二是部门绩效评价。澳大利亚联邦财政部规定，各个部门在绩效信息、绩效考评办法、绩效评估和绩效报告等方面，都应当依据财政部制定的原则进行管理。伴随着越来越多的权力下放，澳大利亚政府改变了对部门绩效评价的一些强制性要求，由各部门自行准备评价方案。三是绩效审计。澳大利亚《审计长法》规定，联邦审计署可以对政府任何机构、企业、项目、行业进行绩效审计。绩效审计目标在于通过有效的审计过程和提供《良好实务指南》等审计成果，强化公共机构的行政效率及社会责任，并帮助公众对这些机构和事业进行有效的监督。

8. 注重绩效评价结果应用

在澳大利亚，绩效评价结果的应用是以绩效评价报告为载体，议会、总理内阁部、财政部以及各部门改进公共管理。绩效评价报告应用的主要目标：一是为战略决策服务。绩效评价报告通常为战略决策提供较为宏观和真实的参考。二是改善部门项目管理。

9. 强化预算监督和信息公开

澳大利亚十分重视政府信息公开工作，部门预算、决算及绩效审计必须公开。议会、审计署、财政部以及反对党、社会公众等都有权对预算和绩效情况进行监督。

二、澳大利亚公共财政绩效预算立法的反腐败功能

（一）刚性的绩效评价管理和严格的审计

澳大利亚的预算约束力较强，财经纪律执行有力，强调评价主体的多元化和公民的广泛参与性。因而，在绩效预算过程中，既有公民和服务对象的广泛参与，又有政府机关内部自上而下的绩效评价，还有社会评价机构对绩效预算的考核。此外，为了保证评价质量，政府对评价活动的组织、计划、实施、控制和检查，以及评价报告的起草等都作出了明确规定。澳大利亚国家审计署可以对政府机构、企业、项目、行业进行绩效审计，衡量公共部门管理的经济性、效率，督促其提高行政效率和资金使用效益。[①] 澳大利亚的绩效预算的反腐败功能强大，公共财政领域的反腐败成效显著。

① 澳大利亚中期预算和绩效预算管理的启示［J］. 预算管理与会计，2015（9）：41-44.

（二）绩效信息综合、简明、有效、公开

绩效目标、评价指标等信息包含在政府部门的预算报告中一并公开，使产出、成果与预算的关系一目了然。针对绩效指标过多导致的评价报告冗长、重点不突出、时效性差等问题，强调评价报告要重点关注关键指标，产出指标评价要能够与其他部门、地区及私人领域进行比较。要求所有部门必须公布评价结果，并由财政部汇总，定期出版。[①]

三、启　示

澳大利亚的绩效预算与评估制度走在世界前列，其许多经验值得我们借鉴。

（一）努力营造绩效管理的廉洁氛围

澳大利亚实行绩效预算管理后，政府的角色从管理者转变为公共产品的提供者，管理理念、程序、方法也随之变化。改革不仅降低了公共支出成本，扭转了财政赤字的趋势，而且提高了公共机构的效能和效率，压缩了寻租腐败的空间，增强了公共机构对公众需求反应的敏感度，公共服务质量得到了提高。我国的绩效预算虽已经开展多年，但绩效预算理念尚未真正树立，一些部门甚至把绩效预算管理当作预算之外的一项工作来应付。因此，应当加快营造绩效管理的廉洁氛围。[②]

---

① 澳大利亚中期预算和绩效预算管理的启示［J］. 预算管理与会计，2015（9）：41-44.

② 澳大利亚中期预算和绩效预算管理的启示［J］. 预算管理与会计，2015（9）：41-44.

（二）建立相应的奖惩机制

我国可借鉴澳大利亚的经验，建立健全预算绩效目标框架，建立与部门预算有机结合的奖惩机制，不断完善中国式预算绩效管理体系。

（三）推进绩效预算信息公开

目前，我国绩效目标、评价指标、结果评价报告等信息对社会公开程度不够，加之缺少外部监督，各部门对评价工作不够重视，导致评价工作质量低下，财政部门陷入绩效目标、评价指标、结果评价报告审核等大量具体事务中，工作成效不大。建议借鉴澳大利亚的做法，推进预算绩效信息（按规定必须保密的除外）向全社会公开，以提高预算绩效管理工作的透明度与民主性。①

（四）发挥立法的保障作用

澳大利亚在立法的稳步推进方面也是可圈可点。澳大利亚早期预算改革的措施主要包括引入预算报表制度、编制中期预算、实施财政管理改善计划等，通过制定项目绩效目标和绩效指标，逐渐将预算管理的重点放在产出和成果上。之后预算改革逐渐延伸到颁布《财政管理及问责法案》等一系列绩效预算管理文件上，逐步采用权责发生制政府会计、引入项目绩效评价计划等，提高部门预算管理的透明度和灵活性。②

---

① 澳大利亚中期预算和绩效预算管理的启示［J］. 预算管理与会计，2015（9）：41-44.
② 夏先德. 全过程预算绩效管理机制研究［J］. 财政研究，2013（4）：11-16.

我们可以借鉴澳大利亚的做法，充分发挥立法预算绩效管理工作中的保障作用，大力推进预算绩效管理立法，助推中国式预算体制、机制建设现代化。

第八章　新西兰公共财政绩效预算立法及其反腐败功能研究

新西兰是单一制国家，新西兰的议会有一定的独立性，但是基本上和政府的基调保持一致。

在 20 世纪 90 年代 OECD 国家的绩效预算改革创新中，新西兰的预算改革开展得最彻底，也最有代表性。[①] 新西兰也是世界上最早在政府会计和政府预算中引入权责发生制的国家。该国的新绩效预算改革开始于 20 世纪 80 年代末 90 年代初，此次改革有着深刻的历史根源，是以立法为开端的。

一、新西兰公共财政绩效预算立法概览

（一）立法背景

在 20 世纪 70 年代至 80 年代早期，新西兰政府债务和通货膨胀速度都迅速增长。1984 年，新西兰劳工党上台执政，针对之前政府过度干预经济带来的财政恶化问题，主张政府改革转变职能，在提高公共管理效率上有所作为，引导市场竞争机制发挥作用，为预算绩效改革创造了良好契机。[②]

---

① 牛美丽，马骏. 新西兰的预算改革［J］. 武汉大学学报（哲学社会科学版），2006，59（6）：802-810.

② 丁丽芸. 新西兰政府预算绩效改革的经验及启示［J］. 探求，2017（4）：116-120.

此外，西方经济学中的制度经济学理论为新西兰的政府改革提供了理论上的支持。具体包括交易成本理论、公共选择理论和委托代理理论。[①]

（二）立法的发展进程

新西兰政府改革的一个突出特点就是通过一系列立法来推动改革的进程。这些法律明确了改革的目标、原则和特别的革新技术的使用，也表明了政府进行彻底改革的决心。具体来说，新西兰的改革主要分四个阶段，由四个法案来推动。

1. 改革国有企业阶段

新西兰政府在这个阶段强调市场竞争机制的重要作用，明确区分了公共部门和私人部门的角色，不再运用国家干预对市场经济进行过多控制。1986 年，颁布了《国有企业法案》，把政府原来承担的各种商业活动从公共部门中剥离出来，对国有企业进行私有化改革，[②] 把生产和定价权下放给国有企业管理者，并规定管理者须对部长和议会负责，至此奠定了公共部门绩效考核的改革基础。[③]

2. 改革公共部门阶段

这一阶段的改革包括两部分的内容，分别体现在 1988 年的《国家部门法案》和 1989 年的《公共财政法案》。

1988 年，新西兰颁布《国家部门法案》，提出绩效预算是公共领域改革的重要组成部分，实施了一系列改革。第一，法案规定了新西兰政府各部门和人员的角色分工。中央部长制定公共政策并对结果

---

① Scott G C, Ball I, Dale T. New Zealand's public sector management reform: Implications for the United States [J]. Journal of Policy Analysis and Management, 1997, 16 (3): 357-381.

② 在 1986 年到 1990 年这一段时间，新西兰采取了私有化措施，将许多国有企业卖给私人。

③ 丁丽芸. 新西兰政府预算绩效改革的经验及启示 [J]. 探求，2017 (4): 116-120.

负责，部门行政长官承担部门绩效和产出，并向中央部长负责。第二，废除公务员终身制。将终身制行政负责人改为首席行政长官，签订聘用合同，任期五年，在合同中明确规定了其在职期间的绩效标准。合同到期后，如果达标则可以续签合同，不达标则换人。第三，引入私人部门的雇佣政策，将管理决策权下放给首席行政长官，使其有权力雇用或解雇下属。

1989 年，新西兰通过《公共财政法案》将预算的重点从投入转向产出，引入权责发生制的会计和预算，并对大众公开，提高预算透明度。此外，引进信息系统来协助评估绩效，要求所有拨款均和产出挂钩，以此来增强机构实现绩效目标的动力。①

3. 强化管理责任阶段

这一阶段以 1994 年《财政责任法案》的颁布为标志，通过细化一系列有关财政管理责任的原则，提高绩效报告的质量来规范财政政策的实施。

1993 年，新西兰政府颁布了《财务报告法案》，强调公共部门要加强对权责发生制的应用。1994 年颁布了《财政责任法案》，提出了一系列细化财政管理责任的原则和绩效报告质量规范②，强调财政部部长对与产出相关的财政管理目标负责，推行信息公开。同时，修订了 1989 年的《公共财政法案》，要求部门制定以月为单位的权责发生制的财务报告。③

4. 预算和战略管理结合阶段

这一阶段，预算在新西兰公共管理改革中的地位更加突出。

1993 年，新西兰政府颁布了《通往 2010 之路》，提出未来 20 年政府的发展目标和战略规划。国家服务委员会为完善公务人员的绩效评定，提出一年一度的评价体系。1994 年，《战略结果领域》在国

---

① 丁丽芸. 新西兰政府预算绩效改革的经验及启示［J］. 探求，2017（4）：116-120.

② 王海涛. 我国预算绩效管理改革研究［D］. 北京：财政部财政科学研究所，2014.

③ 丁丽芸. 新西兰政府预算绩效改革的经验及启示［J］. 探求，2017（4）：116-120.

家服务委员会与总理、内阁的共同推动下出台，把《通往 2010 之路》的长期规划和关键结果领域的年度绩效考核联系起来。此后，政府又发布了《接下来三年》《未来的投资》《新机遇》等多个文件，进一步巩固政府战略规划和绩效的联系。[①]

二、新西兰公共财政绩效预算立法的反腐败功能

新西兰的预算和财政管理的改革比任何国家都开展得更为彻底，几乎给政府管理的所有领域都带来了根本性的改变，而这得益于绩效预算的反腐败功能。

（一）责任与透明机制

从体制上加强了对公共部门的约束和控制，明确其分工、责任。一是《国家部门法案》的出台，促使新西兰政府机构采取“议行分离”的制度。如前所述，中央部长负责公共政策的制定，对结果负责，部门行政长官承担部门绩效和产出，并对中央部长负责，双方签订绩效合同，实现了政策建议与政策执行机构相分离，显著促进了机构精简和绩效责任的强化。二是根据《公共财政法案》的相关条款，议会任何一笔拨款必须说明目的，并以部门为单位向公众阐述相关明细的费用计算。同时，议会拨款不存在预算外支出。通过这样透明严格的机制，议会和民众能够真实全面地监督政府预算，促使政府不断提高预算绩效。[②] 新西兰的财政信息公开体系包含报告制度、预算透明和监督审查等，充分吸收了国际社会的有益准则和技术规范，以简易、便捷和低成本、高效率著称而被许多国家学习借鉴，对改进预

① 丁丽芸. 新西兰政府预算绩效改革的经验及启示［J］. 探求，2017（4）：116-120.

② 丁丽芸. 新西兰政府预算绩效改革的经验及启示［J］. 探求，2017（4）：116-120.

算绩效、规范政府权力运行和实施监督起到重要作用。

（二）廉洁功能

新西兰政府管理层级简洁，各类人员分工明确，雇佣关系简单，通过签订合同来考核公务人员的绩效，对工作过程中出现责任事故或考评不合格的公务员进行辞退或解聘，避免了任人唯亲和懒政怠工，树立起敬业、廉洁的政府形象。①

（三）发现腐败的功能

为了更真实地反映生产过程中的成本和耗费，新西兰政府的会计核算不再采用收付实现制，取而代之的是权责发生制，实现了预算体系从投入控制、收付实现制会计和年度报告转变为以产出为基础、重视绩效结果的战略规划和资源配置的财务管理体系。权责发生制的使用，改善了收付实现制不能全面核算政府活动成本耗费、收入费用不匹配以及政府可以通过调节支付时间来人为控制各年份成本开支的弊端，加强了对政府支出和产出的控制，更好地体现出绩效和成本间的受托责任。② 而这内含着预防腐败的功能。因为绩效预算中的会计审核与责任追究，可以使公共财政领域的腐败难以遁形，起着发现腐败从而惩治腐败与预防腐败的作用。

（四）问责功能

为了改进绩效预算结果的信息质量，新西兰政府采用三个指标，从状态、效果和风险三个层面来衡量政府干预的效果并及时发现问

① 丁丽芸. 新西兰政府预算绩效改革的经验及启示［J］. 探求，2017（4）：116-120.

② 丁丽芸. 新西兰政府预算绩效改革的经验及启示［J］. 探求，2017（4）：116-120.

题，在此基础上实行路径探索项目来提高结果测量的能力和改进结果管理的方法，鼓励各个部门将结果信息运用到决策和管理中，用结果引导决策；最后要求对结果形成的影响进行评估。同时，实行绩效问责制，通过事先签订绩效合同，建立公共服务责任体系。各个部门的行政长官通过绩效协议和事后评价的方式向部长负责，部长向议会负责。部长与部门行政长官签订个人绩效合同，根据核心绩效目标的完成情况决定其收入和任期，确保部门行政长官对绩效结果负责。①

三、启 示

（一）完善配套制度

新西兰预算绩效改革得以顺利推进得益于完善的法律保障和配套的规章制度。

（二）细化评估指标

新西兰不同时期的预算绩效都有其核心的评估工具或评估办法，这对评估结果的科学性、合理性和改革的成功起到至关重要的作用。

（三）加强对绩效评价结果的应用

新西兰重视评价结果的信息公开和应用，通过设置专门的指标来评价和改进对绩效评价结果的管理等措施都值得我国借鉴和学习。

① 丁丽芸．新西兰政府预算绩效改革的经验及启示［J］．探求，2017（4）：116-120.

第九章　法国公共财政绩效预算立法及其反腐败功能研究

法国是中央集权的单一制共和政体国家，全国政治架构分为中央、大区、省、市镇或市镇联合体四级。法国实行高度集中的财政体制，中央财政收入占各级政府财政收入比重约为66%，地方占比约为34%。财政收入主要来源是税收，占90%左右，其他收入占10%左右。中央对地方的补助占地方预算收入的25%左右。2018年法国GDP为23503亿欧元，人均GDP约为3.5万欧元；公共财政收入12591亿欧元，同比增长2.3%；公共财政支出13186亿欧元，增长1.9%；财政赤字595亿欧元，赤字率2.5%。①

一、法国公共财政绩效预算立法概览

（一）立法的背景

长期以来，法国公共预算的基本框架是由1959年《财政组织法》确立的，然而随着整体社会经济环境的变化，1959年法令已经越来越不适应法国的财政发展现状，其间虽进行了多次改革，但直到2001年8月1日新《财政组织法》（以下简称新LOLF法案）颁布才明确提出建立以结果和绩效为导向的绩效预算改革。历经5年繁复的

① 财政部监管局预算编制及执行培训团，等. 新LOLF法案框架下的法国财政管理［J］. 预算管理与会计，2020（2）：61-65.

准备工作，新 LOLF 法案从 2006 年 1 月 1 日起开始施行。[①] 新 LOLF 法案为法国财政体制和预算管理改革创新奠定了法律基础，成为法国财政迈入新公共管理模式的开端。[②]

具体而言，新 LOLF 法案的颁布受三个因素的影响：一是受新公共管理思潮的影响。20 世纪八九十年代，OECD 主要国家及法国的多数邻国在公共管理思潮的影响下不同程度地进行了预算制度改革，这就使法国政府认识到进行公共财政改革的紧迫性。二是议会要求扩大其公共预算监督权力。1958 年 10 月 2 日通过的法国宪法以及 1959 年 1 月 2 日出台的国家预算法规，削减了法国议会在预算协商及预算批准方面的权力。法国议会要求政府将一部分财政预算投票与监督权力归还给议会。三是应对财政赤字危机。减少财政赤字是 20 世纪 80 年代以来法国预算编制最重要的任务。为解决财政赤字危机，法国不得不出台新 LOLF 法案。[③]

（二）立法的主要内容

新 LOLF 法案共分为 6 章、68 项条款，对国家预算编制、国库收入支出、国家会计、议会审议预决算、预算公开和预算监督等均做了明确规定，是法国公共财政管理中最重要和最具权威性的法规之一。新 LOLF 法案通过设立“三级”新预算结构，引入了绩效预算机制。新 LOLF 法案明确规定，所有政府部门都必须制订下一年度工作计划和行政安排，并且相关部门将对每项计划的效果进行绩效考核，并将结果反映到年度绩效考核报告中。新 LOLF 法案赋予各部门更大的自

① 黄严. 新 LOLF 框架下的法国绩效预算改革［J］. 公共行政评论，2011，4（4）：101-128+180.

② 财政部监管局预算编制及执行培训团，等. 新 LOLF 法案框架下的法国财政管理［J］. 预算管理与会计，2020（2）：61-65.

③ 黄严. 新 LOLF 框架下的法国绩效预算改革［J］. 公共行政评论，2011，4（4）：101-128+180.

由度和更多的责任，公共政策项目负责人可以在保证目标和效益的前提下，自由调剂各项目支出的预算额度，并相应承担更大的责任。新 LOLF 法案还将会计核算方式从收付实现制改为权责发生制，以更好地反映政府在执行公共政策时发生的实际费用，全面体现中央政府的财务状况，并加强了议会对预算的监控力度，健全完善了财政民主制度。①

为了与新 LOLF 法案相适应，法国财政部实施了机构改革。财政部现由经济和财政部、国家账目部两个部组成，二者合署办公。财政部在各地设有派出机构，大区和省为财政厅，省以下为财政所。国库由中央财政统一管理。②

（三）财政预算编制突出公共政策导向

法国国家预算体系由公共财政预算（包括中央预算、地方预算）、国家社会保障预算两部分组成。国家预算编制由财政部门负责，遵循年度性、完整统一性、不以收抵支和专款专用等原则。预算编制程序分为三个阶段：第一阶段，编制国家概算；第二阶段，编制部门预算草案；第三阶段，编制国家预算草案。预算草案提交议会讨论时，财政部部长要做有关国家预算草案的答辩解释，各部部长也要到议会为部门预算进行辩解说明。预算草案经议会审查讨论通过后公布。

以中央本级预算为例，中央预算编制工作由法国总理负总责，由国家公共账目部具体组织编制。每年 1—3 月，法国总理与国家账目部和中央预算单位研究下年度预算编制工作，向各预算单位明确下年度经济社会发展规划，由预算单位分别草拟部门预算；3—6 月，

① 财政部监管局预算编制及执行培训团，等. 新 LOLF 法案框架下的法国财政管理［J］. 预算管理与会计，2020（2）：61-65.

② 财政部监管局预算编制及执行培训团，等. 新 LOLF 法案框架下的法国财政管理［J］. 预算管理与会计，2020（2）：61-65.

预算单位将部门预算呈报国家账目部，国家账目部与预算单位充分沟通协调预算编制意见；6—9月，国家账目部汇总编制国家预算草案，经部长会议研究后，最迟于10月中旬提交议会两院审议；议会审议采取两审定审制，由国民议会初审，参议院复审，再分别由国民议会和参议院进行二审，如果两院意见出现分歧，则由国民议会于12月中旬前做出最终裁决。通过议会审议的预算由法国总统对外公布。①

（四）预算执行遵循决策和支出分离原则

决策与支出分离是法国预算执行的一项重要原则。根据新LOLF法案规定，所有公共支出都要经历四个阶段：承诺、清算、发出指令、支付。其中，前三个阶段是支出决策环节，由各部部长授权本部的支出决策者（或管理者）负责，即开具拨款凭证，第四阶段由公共会计师执行。

1. 主要做法

在具体预算执行过程中，财政部通过派出预算监察员和公共会计师的监察机制，实现对支付执行全过程的控制。预算监察员由财政部财政总监察署派出，接受总理的直接领导。派出人员一般设置到中央各部和大区一级政府，负责监督检查决策人预算支出决策的合法性，即支出是否与现行法律法规相一致。公共会计师由财政部公共财政司派出，管理范围涉及各部、各级政府和所有使用财政资金的公共项目。公共会计师主要负责支出的具体执行，核查拨款是否有预算，保证每笔支出的及时、准确。同时公共会计师也有一定的监督作用，可以就某项支出是否违反法律法规和超出财政承受能力等向本级审计法庭提出审计申请。

① 财政部监管局预算编制及执行培训团，等. 新LOLF法案框架下的法国财政管理［J］. 预算管理与会计，2020（2）：61-65.

2. 主要特点

在预算执行过程中，法国采取了一种融入式的监督方式。首先，预算监察员对支出决策者的决策合法性进行监督，控制决策者的自由裁量权，同时又不干预决策，其主要作用是辅助决策者依法依规作出决策；其次，公共会计师独立行使支出职能，从根本上降低了决策者与支出人合谋挪用、套取财政资金的风险；最后，预算监察员和公共会计师虽同属财政部派出人员，但分别隶属于不同的司局，保证了各自职能的相对独立性。①

（五）实施以项目为核心的预算绩效管理

1. 主要做法

新 LOLF 法案处处体现了绩效管理思想。新 LOLF 法案创立的“任务—项目—行动”三层级公共预算架构极大方便了绩效管理的实施。“任务”对应国家重要公共政策，由中央政府创建。“任务”可以由某一个中央部门实施，也可根据需要由多部门联合实施；“项目”是对“任务”的细化，一个“项目”只能由一个中央部门实施，不可以跨部门，“项目”负责人由相应的中央部门任命；“行动”是对“项目”的进一步细化，是法国公共预算支出的基本单元，也是国家公共政策对应“任务”的具体化表现。

2. 主要特点

第一，对绩效目标的论证较为充分。绩效目标制定与预算编制同步，其论证过程也与预算编制过程相似，一般由总理根据年度预算向中央各部下达“任务”一级的绩效目标，国家账目部牵头组织中央各部将“任务”细化为“项目”和“行动”并制定相应的绩效目标

① 财政部监管局预算编制及执行培训团，等．新 LOLF 法案框架下的法国财政管理［J］．预算管理与会计，2020（2）：61-65.

和评价指标，形成年度预算绩效草案呈交议会，整个过程各部参与度较高。

第二，指标设置较为科学且可评价性强。

第三，各部绩效完成情况要接受严格评审监督。各部要提交《年度预算绩效报告》，接受项目部际审议委员会对报告的审议。该委员会由国家账目部、审计法院人员组成，并对议会负责，议会有权就绩效目标达成情况质询和约谈项目负责人，如果绩效目标完成不好，负责人通常需要引咎辞职。《年度预算绩效报告》要通过官网向公众公开。[①]

（六）完备的预算监督体系

法国预算监督体系一向以完备著称，可分为财政行政监督、审计司法监督、议会外部监督三类。

第一，财政部门的全过程行政监督。通过向中央各部派出预算监察员开展事前监督，规范支出决策人的决策行为，保障公共财政支出的合法性；通过向各部、各级政府和国有企业派出公共会计负责预算支出的执行，同时对公共支出相关风险进行干预和监督，属于事中监督；通过直属的国家财政稽核总局开展事后监督检查，其职责是检查各部门财政收支，对危害公共财政安全的行为开展检查、调查。

第二，审计法庭的司法监督。法国审计法庭是国家最高经济监督机关，审计法庭独立于议会和政府，属于司法监督范畴，其职责是审计检查国家机关、国家公共机构和国有企业的财务管理，地方政府、地方公共机构的财务管理由地方审计法庭负责审计。

第三，议会的外部监督。其主要职责是审议、通过预算草案和开

① 财政部监管局预算编制及执行培训团，等. 新 LOLF 法案框架下的法国财政管理［J］. 预算管理与会计，2020（2）：61-65.

展日常监督，各级议会负责监督本级政府预算，议会对预算审查十分严格，经常对政府的财政收支进行质询，财政部门负责作出解释，对于改变预算用途、取消预算支出、划拨资金用于特殊项目等行为，政府必须书面告知议会下设的专门财经机构，极大增强了议会对公共预算的监督权力。

法国建立了内部与外部监督并存，事前、事中和事后监督相衔接的预算监管体系，其各监管部门之间相互协调、分工明确，职能交叉和重复监管问题较少。例如，财政与审计监督职责明确，财政监督的重点在事前和事中，目的是及时发现和解决问题，审计监督只开展事后检查，且其年度审计计划抄送财政部财政稽核总局。财政稽核总局查过的案子，审计法院一般不再审计，因此很少出现交叉重复监管现象。①

二、法国公共财政绩效预算立法的反腐败功能

（一）绩效预算程序的反腐败功能

法国把每年 1 月 1 日至 12 月 31 日作为一个预算年度，预算的编制则从上年 4 月份开始。法国预算编制的重要原则之一就是预算要完整，不允许有预算外的财政收支。议会拥有预算审核批准的权力，具体的预算执行由财政部门负责。法国的预算管理主要从预算程序角度来体现。其预算过程，即预算编制、预算决策和预算执行都具有很强的程序性。

法国的预算编制由总理负责，具体编制由财政部组织。参与预算

① 财政部监管局预算编制及执行培训团，等. 新 LOLF 法案框架下的法国财政管理［J］. 预算管理与会计，2020，(2)：61-65.

编制的还有预算司、国库司和国家税务总署等机构。编制程序分为三个阶段：第一阶段，由财政部提出概算。第二阶段，编制各部的预算草案。各部的预算草案由两部分组成，一是维持性支出，这是上一年已经形成的，在预算年度里具有刚性而不能减少的支出；二是发展性支出，这是各部向政府提出的新项目、新要求，必须说明其重要性和提供必要的相关证明材料。各部要将预算草案及时向经济与财政部报送，由财政部召开各部代表大会进行讨论，选择和确定发展性支出项目。再把情况汇总后向总理提出报告，由总理作出决定，并以总理的名义向各部发出通知。第三阶段，由财政部编制国家预算草案。预算草案经过长达大约 3 个月的议会审查，最后通过决议批准，以法令形式公布。①

决策与执行分离是法国预算执行的重要原则。在整个预算执行过程中，拨款凭证必须经过财政监察专业员核准、签字后交由公共会计支付拨款。并且，法国财政部在每个部和大区都设置了财政监察员和公共会计，实现对预算执行全过程的控制。②

（二）绩效预算的监督程序的反腐败功能

每年 1—3 月份，法国财政部预算司和中央预算部门召开预算战略研讨会，会后，总理向各部部长下达预算框架书，明确下年度财政支出大方向和支出标准。3—6 月份，财政部部长召开结构经济讨论会、绩效讨论会以及预算编制会议，与各部部长就预算前景、公共政策绩效目标和指标确认以及支出预算需求等问题进行讨论。6 月份，财政部向议会呈递绩效目标和绩效指标参考清单。7 月底，政府召开研讨会，公布每项财政任务的预算额度和部门人员经费限额。7—9 月份，预算部长督促部门主管编制年度预算，同时，编制年度绩效计

① 韦慧娟，张玮. 法国的财政监督及其经验借鉴［J］. 财政监督，2006（3）：59-60.

② 赵喜林. 预算民主与腐败防治研究［D］. 长沙：湖南大学，2012.

划。年度绩效计划从三个方面界定项目绩效目标，包括社会和经济效率（公众角度）、提供服务的质量（用户角度）、管理效率（纳税人角度）。此外，绩效计划还详细说明未来几年每个项目的所有既定行动和相关成本，对每个目标的执行情况确立明确的测量指标（希望达到的绩效水平）。10 月份的第一个星期二，预算部门向国民议会提交财政预算草案，同时提交年度绩效计划。12 月，议会投票通过财政预算草案。预算执行后，预算部门向财政部报送年度绩效报告，由一个独立于财政部的机构——跨部项目审计委员会对项目绩效信息的质量进行检查。议会在审议财政决算报告的同时，审核年度绩效报告，并对绩效完成情况进行评估。对 N-1 年财政决算草案的表决直接作用于对 N+1 年的财政预算草案的辩论。①

法国政府通过上述绩效监督程序，防止政府官员滥用财政权力以权谋私，保证公共财政的公共性，消除腐败发生的可能性、杜绝腐败的发生。

（三）绩效预算的监督功能

一是预算监察员与公共会计师的监督功能。预算监察员与公共会计师的监督与核查，从根本上降低了决策者与支出人合谋挪用、套取财政资金的风险，从而有效地遏制了预算失规、预算腐败。二是体系化的监督功能。监督体系由财政部门的全过程行政监督、审计法庭的司法监督、议会的外部监督组成。该体系中的各监督部门分工明确并相互协调，相互衔接。

（四）绩效预算的问责功能

法国政府在探索建立绩效问责机制方面也颇有成效。他们的做

① 林岐．法国预算绩效管理若干启示［J］．产业与科技论坛，2010，9（10）：214-215.

法是，编制年度预算时，预算部门主管向议会提出绩效承诺，即年度绩效计划；预算执行后，预算部门主管向议会汇报经评估后的年度绩效报告。议会根据报告结果，追究部门绩效责任，包括政治责任、司法责任以及管理责任，并实施奖惩。法国政府探索实施的绩效奖励主要是绩效薪酬，分为个人绩效和集体绩效，即根据外部绩效评估情况，对个人予以加快晋级、发放奖金等奖励，对集体发放参与奖金，等。然而，对绩效评价结果差的部门如何实施惩罚，仍然是个问题。不过，法国目前探索实施的绩效薪酬办法，在强化部门预算主管绩效理念方面确实具有一定的激励作用。①

这样的问责功能具有明显的廉政性。首先，它强调的结果为本，不仅关注政府及其公务人员的行为过程是否廉洁，更注重其行为的最终结果是否廉洁和公民满意度等。其次，它的核心在于解决绩效结果无人负责、难以进行有效的绩效激励和约束的问题，而落实结果欲进行绩效激励的过程就是预算的廉洁性评估的过程。最后，它的责任形式是政治责任、司法责任以及管理责任，其中，政治责任、司法责任与反腐败的责任形式有一致性。

三、启　示

以结果为导向、以绩效提高为目标的绩效预算，有效提高了财政资金的使用效益，并成为实施行政问责制和加强政府效能建设的重要抓手。法国政府非常重视预算绩效管理的作用，将绩效预算编制以法律的形式固定下来的做法值得借鉴。

为切实将预算绩效与预算编制紧密结合，法国政府采取了多种措施。一是规范绩效监督程序，将绩效理念深入预算编制的各个环

① 林岐. 法国预算绩效管理若干启示［J］. 产业与科技论坛，2010，9（10）：214-215.

节。二是在审议财政决算报告的同时审核年度绩效报告。对财政决算草案的表决直接作用于对下年度财政预算草案的辩论。三是实施绩效薪酬办法，激励部门预算主管强化绩效理念。这种将预算绩效与年度预算紧密结合的做法有利于强化政府预算的约束力。

此外，法国政府在绩效预算的制定过程中非常重视吸收社会力量的参与，如在编制财政绩效预算时，多次召开绩效讨论会，并与国家经济研究与统计局等单位合作，这些经验值得借鉴。①

今后，我们在预算绩效管理方面的制度设计要更加灵活：应着重完善涵盖绩效目标制定、绩效运行监控、绩效考核评估到绩效结果应用的闭环管理体系；将绩效管理关口前移，对重大政策和项目与预算编制同步启动绩效评估，根据评估结果确定预算安排，提高财政资金使用效益，推动财政监督与审计监督更加协调高效。按照党的十九届四中全会要求，在充分发挥审计监督职能作用的同时，全面加强财政监督。就财政部各地监管局来讲，特别是要发挥就地就近优势，加强财政收支的事前、事中监管和绩效评价。

① 林岐．法国预算绩效管理若干启示［J］．产业与科技论坛，2010，9（10）：214-215．

第十章　德国公共财政绩效预算立法及其反腐败功能研究

一、德国公共财政绩效预算立法概览

德国是联邦制国家，财政分为三级，即联邦财政、州财政和地方财政，并统一采用分权自治、适度集中的财政税收权限划分方式。德国的联邦、州都设财政部，具有财政和税务双重职能。联邦财政部的主要的职能包括：负责制定财经、金融、预算、税收政策；管理涉及财政的欧洲和国际事务；负责联邦财产和经济资助管理；批准财政预算内的支出和法律、法规条款中涉及财政收支的相关内容；制定联邦预算草案；对财政计划提出建议，促进联邦、州及地区间财政计划的合作；承担法律赋予的特别任务。各联邦州财政部的主要职责与联邦财政部基本相同，主要履行州政府职责范围内的财政事务，下设的财税局、建筑局承担公有资产的管理职能。分布在各地的财税局承担联邦和州及地方各项税收的征收职能。

德国的财政预算和财政监督职能强而有力，这离不开立法的保障。经过几十年的不断完善，德国在构建绩效预算与评估制度方面取得了很大成就。

（一）立法背景

自“二战”后，德国为应对恶化的财政状况，开始着手建立科学的预算管理制度。

20 世纪 80 年代初以来，为了摆脱财政困境，提高政府效率，迎接全球化、信息化以及国际竞争加剧的挑战，西方各国相继掀起了政府改革的热潮。德国推行的绩效预算改革开始于 20 世纪 90 年代初，是新公共管理改革运动的重要组成部分。它的兴起与当时特定的时代背景密不可分。第一，经济全球化是实施预算管理改革的重要动力。第二，公共选择理论、新公共管理理论和委托代理理论为新绩效预算的兴起奠定了重要的理论基础。第三，管理危机、信任危机与财政危机是新绩效预算的直接动因。第四，以往的预算管理改革为新绩效预算提供了经验和教训，为新绩效预算的改革打下了良好的基础，顺利地推动了新绩效预算的产生，并为其提供了宝贵的经验。①

（二）立法历程及体系的形成

绩效预算的过程大致包括以下几个步骤：根据总战略计划制定各部门发展战略、各部门年度计划、年度绩效计划指标，年度终了时对实际绩效进行评估，根据绩效完成情况调整下年度预算。德国将绩效管理融入了预算程序的各个环节当中。

1. 绩效预算推行的法律基础②

德国与预算管理相关的法律主要分为四个层次：德国基本法、财政法、年度财政法和其他财政法律法规，主要包括联邦的《基本法》

① 吴文玉. 德国绩效预算实践及其对中国的启示［D］. 合肥：安徽大学，2014.

② 吴文玉. 德国绩效预算实践及其对中国的启示［D］. 合肥：安徽大学，2014.

（相当于宪法）、《经济平衡发展和增长法》、《预算基本原则法》等。

德国宪法第 104 至 115 条规定了财政体系的基本准则，这些条款对联邦政府的收入和支出进行规制，决定哪些支出由州承担，哪些由地方政府或由联邦政府承担；收入如何分配；谁有权颁布有关的法律；谁有权执行这些法律。并且规定了州和联邦政府的预算管理相互独立以及在起草公共预算时应考虑的经济因素和在执行预算时应采取的措施。第 110 条至第 115 条确立了调整《预算法》的基本准则，[①] 这些条款涉及的主要问题包括起草和执行国家预算计划、哪些支出在年度预算法出台之前可以执行、在什么情况下可以进行国家预算以外的支出、如何监督预算的执行、对政府举债有哪些限制。[②]

《经济平衡发展和增长法》规定德国的联邦预算和地方预算必须执行与经济总体状况相一致的反周期政策。同时，它还规定国家预算必须追求稳定的价格指数、合理的经济增长、高水平的就业和平衡的外贸收支的目标，即达到经济总体平衡。财政部部长必须针对收支以及对经济总体情况的影响起草一个五年财政计划。计划需要经联邦政府批准，是其预算计划的重要部分，并且要每年调整。各位部长应起草数年内的投资计划，作为五年财政计划的主要部分。[③]

联邦政府和联邦各州的《预算基本原则法》是基于德国宪法第 109 条制定的，这是联邦政府和地方政府制定其预算法时应统一遵守的原则，以确保德国境内公共预算的可比性和一致性。这些原则阐述了应如何起草和执行预算计划以及财会和监督机制如何运作，同时也是五年财政计划和会计核算标准的原则。

---

① 王卫星. 政府预算管理程序与方法研究［M］. 北京：经济管理出版社，2005.

② Ljungman G. The medium-term fiscal framework in Sweden［J］. OECD Journal on Budgeting，2006，6（3）：1-11.

③ 全国人大常委会预算工作委员会调研室. 国外预算管理考察报告［M］. 北京：中国民主法制出版社，2005：52-53.

2. 预算机构与程序

德国政府预算程序分为四个阶段，即预算编制、议会审议、预算执行、预算监督和评价。相关预算机构主要为联邦政府财政部、联邦议院和联邦审计院。[①] 联邦预算的编制、执行权属于行政权，归属于联邦财政部；预算审批决定权属于预算权，归属于联邦议会；预算监督权分属于联邦财政部、联邦审计院和联邦议会，联邦议会设置了预算委员会，负责预算审查监督的具体工作。联邦议院预算委员会在预算工作中居于主要地位，其对于联邦政府提出的年度预算草案的决议是联邦议院全体决定的基础，也是整个国家财政活动的基础。联邦财政部负责编制联邦预算草案，经联邦政府通过后提交议会审议。议会批准的联邦预算资金由财政部拨付给各部门和机构。联邦审计院是宪法规定的独立的审计机构，既不隶属于议会也不隶属于联邦政府，其成员拥有司法中立地位，对联邦预算的执行进行独立审计。[②]

（1）预算编制。

德国财政预算由五年财政计划和年度财政预算组成。年度财政预算是五年财政计划中一个单列的计划，其编制必须以五年财政计划为依据。年度预算是有约束力的，并受法律规范，而五年计划包括建议的程序，具有战略功能，但与中国的国民经济发展五年计划并不相同，它是一个滚动式的五年计划，可以逐年修改。

联邦预算编制要经过形成联邦预算草案、对预算草案审核、预算谈判、联邦审计院审计等程序，最终形成政府的预算方案。联邦财政部必须提前一年编制预算草案，一般于上年 12 月底或本年 1 月初向各部门发出预算编制的通知，同时下达编制预算的指示与要求。次年 3 月 1 日前各部门将预算草案上交财政部。各部门在提出预算需求的同时，要对其中各项支出所履行的职能作出详细说明和论证，依据部

① 王晓萍. 关于德国政府预算执行的管理情况［J］. 吉林人大，2010（12）：22-23.

② 吴文玉. 德国绩效预算实践及其对中国的启示［D］. 合肥：安徽大学，2014.

门的战略目标确定部门应提供的公共产品数量和质量水平，包括以结果为导向的绩效目标、为实现目标应开展的具体的活动和需要运用到的资源，以及有针对性的衡量指标和绩效标准等，之后财政部要对预算草案进行审核，确定与概算的总收支是否相符。各部门的支出计划一般不会被完全接受，要由财政部与各部门通过不同层次的谈判决定，联邦审计院也会参加初级的预算谈判。最后，财政部将最终草案提交给总理府。联邦政府一般在 6 月初通过预算草案，在 8 月份正式公布下一年度的预算草案。①

（2）预算审批与执行。

联邦总理要将政府通过的预算草案提交给联邦议院和联邦参议院，提交时间通常为 9 月 1 日之前。联邦议院一般对预算草案进行“三读”（三次大的辩论）。预算草案经联邦议院和参议院通过后即产生法律效力，各部门必须严格执行。

联邦各个部门和联邦级的管理机构是联邦预算的具体执行者，对自己所属部门的开支负责，财政部负责监督各单位的预算执行情况。如果部门的执行状况偏离预算，财政部可以提出限制和冻结该部门的资金。如果预算执行中有预算超支和预算外支出的情况发生，主管部门必须向财政部报告，支出的追加必须同时满足以下三个条件：一是该项支出确实不可预见；二是该项支出必须发生；三是该项支出额度较小且不得大于五百万欧元（五百万欧元以内由财政部研究追加预算），对于大于规定标准的追加支出必须经过议会同意。超额的支出，一方面可以由部门自身调剂解决，另一方面由财政部动用其他部门的盈余来解决。公共部门不仅要编制年度绩效计划，还要定期和不定期地提交绩效报告，详细说明绩效目标的完成情况与程度。

① 吴文玉. 德国绩效预算实践及其对中国的启示［D］. 合肥：安徽大学，2014.

（3）预算监督和评价。

联邦审计院与联邦议院预算委员会下属审计委员会共同对预算执行进行监督。联邦审计院在预算监督方面的主要内容为审查部门预算支出是否符合法律制度的规定、是否符合经济原则，重点是经济性原则。近年来，很多审计机关逐步改变了只进行事后审计的审计方式，特别是在投资审计领域，建立了属于审计范围内的建设项目相关数据报送制度，有针对性地选择项目进行审计。通过事前审计和跟踪审计，积极开展以项目决策是否遵循经济性原则为核心内容的投资项目绩效审计，从基础设施项目决策阶段开始介入，对于项目是否经济和节约发表审计意见，促进项目科学决策。审计委员会则根据联邦审计院的年度审计报告，召集相关单位代表举行联席会议，对各个细节进行审核，在此基础上提出决议草案。联邦议院和参议院对决议草案进行表决，形成决议。

同时，德国的部门评估和财政部门评估结合紧密。每个预算年度结束后，部门都要将绩效报告上报联邦财政部，在报告中要认真审视以前年度的项目完成情况，总结达到绩效目标过程中的经验和教训，并对本年度绩效计划的执行前景进行估计。联邦财政部一般选择10%左右的项目进行评估，不论评价项目是否达到绩效要求，绩效报告均向社会公布。德国绩效评估手段丰富多样，在编制绩效报告时注意引入专家论证咨询、社会调查、举行听证会等方式，广泛听取社会公众意见。①

① 吴文玉. 德国绩效预算实践及其对中国的启示［D］. 合肥：安徽大学，2014.

二、德国公共财政绩效预算立法的反腐败功能

（一）公开功能

公开与透明是法治化的一个必要的基本条件。财政公开的内容不仅包括财政预算的执行结果，还包括财政运营的基本过程和主要方面。

1. 实行统一的预算原则

一是全面性，财政预算必须独立地涵盖所有财政收支事项；二是整体性，所有收支都必须纳入财政预算；三是连续性，财政预算必须在新的财年开始前颁布，如果没有颁布，上年财政预算继续有效；四是公开性，在议会进行的所有关于财政预算的讨论，以及最终通过的预算都必须公开，便于公众接触和使用。

2. 预算编制过程的公开

政府在每年的 1 月份公布编制下一年度预算的方针，对此后的预算编制进程、预算编制中的重要情况和重大变化等，都随时报道，予以公开。

3. 预算审查情况的公开

德国宪法规定，预算必须经联邦议院和参议院审查通过。在审查预算过程中的辩论与争吵，不可避免地包含着代表不同利益集团的党派之争，但公开这些情况，公民得以了解其中的“秘密”及存在的问题，对于公共利益的确定，作用是巨大的。

4. 预算书和决算书的公开

《联邦财政预算》和《联邦财政决算报告》作为政府公开发行的

出版物，使每个公民都可以了解每笔财政资金的来源与用途、预算执行的情况。只要是财政资金，任何机构的任何支出项目都必须列入预算，并予以公开。公开预算和决算为社会各界了解和研究财政提供详细的资料，能够广泛借助社会力量发现和分析财政中存在的问题；财政公开易于赢得公民的好感与信任，从而有利于公共利益的实现。①

（二）监督功能

德国十分重视监督的作用，建立了完善的绩效预算监督体系，并对财政资金运行的全过程实施监督。

1. 议会监督

财政部门编制的预算必须经议会批准后方可实施，一经议会批准，年内一般不再变动，如需变动，必须经过议会的严格审查和批准。议会设有财政委员会和审计委员会，财政委员会对联邦财政部的资金使用情况可随时提出问题，议员有权随时对预算执行情况提出疑问，要求各部门解释。联邦政府各部门要按季度作出书面报告，说明资金使用情况，上交议会财政委员会审查，审计委员会除对国家预算进行审查外，也对审计院的监督检查工作质量进行审查。

2. 财政部门监督

财政部要对预算执行情况全权负责，若某部门偏离预算时，财政部可限制和冻结该部门的资金，还有权对预算外资金的特殊支出作出决定。

3. 审计部门监督

主要是对税收征管及财政资金的运行情况进行监督。联邦和州设审计院，州审计院下设审计局，联邦审计院有很大的独立性，审计

---

① 刘晓凤. 德国部门预算管理经验对我国的借鉴［J］. 安徽教育学院学报，2007（5）：41-45.

长及下级审计人员由议会任免，但也有权对议会的经费预算使用情况进行检查。

4. 政府职能部门监督

联邦政府各部门均设有专门的监督检查委员会，负责对国家安排给本部门的预算支出资金使用情况进行监督检查，发现问题及时纠正。

5. 预算执行专员监督

联邦各个部和联邦级的代理机构在其下属机构派有的并由部委托的预算执行专员，主要负责监督预算的执行，预算执行专员既是各个单项财政预算资料的准备者，又是预算执行者，有义务随时提供它们的开支情况，便于监督。

6. 社会中介机构监督

主要是对国家投资的企业、单位、社会团体进行审计检查以监督财政资金的运行状况。此外，新闻媒体也是重要的监督渠道，一些新闻媒体依法对政府预算实施监督。①

三、启　示

德国经验给我们的启示主要有如下几个方面。

1. 立法保障

德国的预算管理最突出的特征是除了预算编制以德国《基本法》和《预算法》为依据外，对每一项支出都立法予以规范，如《差旅费管理法》《培训费管理法》《政府采购法》《投资法》《办公费支出法》等。同时，考虑到不同的部门履行职能的不同需要，确定对支出项目的严格控制和审查机制。预算支出的制度化、法律化，使每一

① 刘晓凤. 德国部门预算管理经验对我国的借鉴［J］. 安徽教育学院学报，2007（5）：41-45.

项收支活动都在可控的范围内高效、有序运行，强化了预算的严肃性和约束力。而且，为使联邦、州和地方财政职能能够统一行使并有助于统一控制和监督，德国财政采用统一的预算规则和评价标准。①

2. 注重评估

德国政府部门的预算编制还有一个突出特征，是不仅仅单纯地就预算而编预算，还要在提出支出需要的同时，对于各项支出所履行职能的完成程度做出详细说明及论证。部门预算已跨越传统的“投入预算”阶段，进入了“产出预算”阶段。此举颇值我们借鉴，按照公共财政的理论，政府财政的一个重要职能是保证公共部门履行职能的支出需要，但职能履行有高低好坏之分，也就是说，衡量一个部门的业绩，要看这个部门的人员是否想做事、会做事、做好事，应当把部门职能履行程度指标引入预算编制中，充分给予想干好、能干好事业的部门以必要的经费支持，从而达到提高资金使用效益的目的。②

3. 预算执行的刚性

预算一经议会批准，即成为法律，政府必须不折不扣地执行，没有随意变更调整的权力。德国的财政部中只有预算管理部门与其他各部门发生往来关系，它的机构设置没有预算执行部门，预算一经确定，即通过电子转账系统划入各部门账户，由各部门内部的预算执行专员负责按法律规定执行预算。而这一点不同于我国的由若干个预算执行部门，在预算确定后按进度一笔一笔拨付。由于德国的预算执行处于严格的监控之中，而且供给的标准较高，因而一般不会出现超预算执行的情况。预算执行中若有临时性、突发性的增支因素，由部门向财政部申报。③

① 刘晓凤. 德国部门预算管理经验对我国的借鉴［J］. 安徽教育学院学报，2007（5）：41-45.

② 刘晓凤. 德国部门预算管理经验对我国的借鉴［J］. 安徽教育学院学报，2007（5）：41-45.

③ 刘晓凤. 德国部门预算管理经验对我国的借鉴［J］. 安徽教育学院学报，2007（5）：41-45.

第十一章　丹麦公共财政绩效预算立法及其反腐败功能研究

作为一个典型的福利国家和廉洁国家，从20世纪90年代起，丹麦就成功地实现了欧洲货币联盟所确定的减少预算赤字与减轻政府债务负担的预算改革总目标。丹麦的绩效预算政策与立法无疑发挥了十分关键的作用。

一、丹麦公共财政绩效预算立法概览

（一）立法背景

20世纪80年代初期，丹麦面临严重的经济危机。从1983年开始，丹麦进行预算改革，试图通过建立规范的评估制度，推行权责发生制政府会计和预算，全面、完整地反映政府预算信息和支出成本，广泛接受社会公众的监督。经过长期的实践，形成了一套较为完善的评估体系。[①]

（二）立法的演进

丹麦的绩效预算改革分为四个阶段：20世纪80年代初至90年

① 朱海. 丹麦预算绩效管理的实践及启示［J］. 行政事业资产与财务，2009（4）：26-29。

代初，推行综合预算改革，通过预算制度对每个部门的支出进行控制；1993年，通过法案将基于结果的合同管理范式引入预算管理；从1997年开始，所有的中央政府机构都被要求提交年度绩效报告，用于对中央政府部门的整体绩效评估；从2000年以来，政府部门引入了绩效规划和权责发生制会计和预算，财政部在评估及绩效预算方面起着关键性的作用。

（三）立法的主要内容

1. 丹麦绩效预算的理念和内容

首先，政府部门被要求制定绩效规划。2004年以来，所有的部门都被政府要求公布一项覆盖整个部门所有领域的绩效规划。制定规划的目的是确保各部门用于改善效率和效益的不同工具和方式，例如绩效合同、服务外包以及政府采购等，能够协调一致，也有利于促进向项目成本核算和权责发生制预算的转变。2005年，丹麦政府启动了一个全面的工作方案，在大多数政策领域设置了共计55页纸的具体目标和指标，该文件被当作政府绩效的一个基准，影响着所有政策领域目标的投入。其次，实行结果导向的合同管理。各部门要在绩效规划的基础上，设定绩效目标，签订合同，绩效合同的目标和项目条款由部门和机构的最高决策者共同讨论商定。最后，各部门要提交绩效报告。年度绩效报告要提供关于公共资源利用的信息，绩效合同中设定目标的完成情况，并要求在每个财政年度结束后的3个月内出版。年度报告由机构负责撰写，并经主管部门批准，然后将其提交给丹麦议会（首相府），并向社会公布。①

2. 丹麦绩效预算的主要特点

一是建立了以结果为导向的管理模式。1993年的评估法案要求

① 朱海. 丹麦预算绩效管理的实践及启示［J］. 行政事业资产与财务，2009（4）：26-29.

各部门有义务出具年度报告，来评价与预算相关的绩效以及与部门主要职责相关的外部目标的绩效状态。财政部发布了绩效合同的指导规定，并将合同作为部门制定绩效规划行为准则工作的一部分。结果导向的合同管理通过设定目标、签订合同以及实施结果年度报告制度，引导部门不断关注产出，有利于改善政府服务的质量和效率。

二是建立了以活动为基础的预算拨款模式。以活动为基础的预算安排将引导学校等机构更加关注结果和产出，能从根本上对节余进行更有效的管理，而且财政部也不再像过去一样在复杂的年度预算争端上与机构纠缠不清。这种预算模式有利于机构确定预算分配的优先次序，提供了极大的灵活性，并且易于管理。

三是实行权责发生制会计和预算。为了更好地取得管理信息，提供更多财务激励，进一步增强成本意识，2004 年丹麦政府决定在中央和地方政府实行权责发生制会计。权责发生制不仅在会计领域适用，在预算方面也同样适用。从 2006 年起，在中央部门尝试编制权责发生制预算，为了与 2007 年联邦预算法案相衔接，试点单位的所有拨款都被转换为新的以权责发生制为基础的预算。权责发生制会计的基本原则是关注成本分摊和资源的使用，这也为评估开启了一扇新的机会之窗。由于权责发生制对每一项活动都能够分摊成本，因此可以获得用于绩效预算的信息，而且，由于实行权责发生制预算，费用和产出之间的联系明显增强。

四是机动灵活的绩效评估体制。近年来丹麦在预算和编制流程中使用绩效和结果信息来进行评估取得了一定成效。政府各部门已成功地从一个注重投入的评估体制转变为一个更注重结果的评估体系，这种转变有利于政策制定者在相互竞争的政府目标中排出先后顺序，更有效地利用预算资源，既降低了公共支出成本，又提高了部门支出的绩效。丹麦虽然在改善绩效方面做了大量的持续的努力，取得了一定的经验，但是仍然需要不断地完善。①

二、丹麦公共财政绩效预算立法的反腐败功能

（一）预算公开功能

多年预算是年度预算的延长形式，丹麦除年度预算外还要编制为期四年的财政滚动计划，其目的是明确未来一个时期政府的行动纲领，向社会公布政府可能采取哪些经济和社会政策，对社会经济运行起着导向作用。②

此外，丹麦对政府财政信息进行充分披露。政府每年发布预算白皮书，将公共资金的分配和使用情况向外界公开。丹麦规定，内阁大臣必须公开每月的公务用餐开支、出访费用及收受礼物的情况，所有的公共部门也都必须公开其预算和开支情况。③

（二）监督功能

丹麦全面、多元、独立的监督体系在反腐败方面发挥了重要作用。丹麦国家审计局作为独立机构，负责对所有公共部门的预算和开支情况进行调查、研究，并把相应情况上报丹麦议会，从而保证公共财政和公共开支的透明化、公开化。

---

① 朱海. 丹麦预算绩效管理的实践及启示［J］. 行政事业资产与财务，2009（4）：26-29。

② 李燕，朱春奎. 丹麦预算改革的工具、成效与启示［J］. 地方财政研究，2014（11）：68-73.

③ 赵红军，杜其航，胡敏. 丹麦反腐败制度体系、政策和行为准则对中国的启示［J］. 学习与探索，2016（12）：6-11.

（三）问责功能

为了更好地取得管理信息，提供更多财务激励，进一步增强成本意识，2004 年丹麦政府决定在中央和地方政府实行权责发生制会计与预算。由于权责发生制对每一项预算活动都能够分摊成本，因此可以获得用于绩效预算的信息，而且，由于实行权责发生制预算，费用和产出之间的联系明显增强。该功能，从政府宏观层面上看，改善了管理行为，提高了工作效率。

三、启　示

从丹麦的实践可以发现，绩效预算作为一种全新的政府财政管理的方式，对降低支出成本、提高运行效率、改进政府绩效有着重要作用。

（一）制定绩效预算单行法

丹麦政府的评估实践证明，评估要取得实效，必须依法规范。对我国来说，首先，要通过立法明确政府及其部门在评估中的权利与义务、结果与产出等内容，因而要制定绩效预算的单行法，明确绩效预算的职责，明确财政部门要承担绩效预算的组织、指导和监督责任，负责制定绩效预算工作的行为准则和行动指南。[①]

① 朱海. 丹麦预算绩效管理的实践及启示 [J]. 行政事业资产与财务，2009 (4)：26-29.

（二）建立以战略和结果为导向的绩效预算实施体系

首先，制订绩效计划，依法推进计划。其次，建立绩效报告和评价制度，对资金使用绩效进行评价，评价部门绩效目标的实现程度，得出客观公正的评价结果。最后，公开绩效评价结果，合理应用绩效评价结果，将其作为改进预算管理、编制以后年度预算乃至实施行政问责的重要依据。[①]

（三）建立科学、规范的绩效预算评价指标体系

从丹麦评估的历史来看，随着政府职能的扩张，评价的重点转向政府部门提供服务的质量，评价指标着眼于部门外部目标的实现情况，建立了以政策目标为基准的绩效预算评价指标体系。[②]

（四）建立以绩效为基础的预算管理体系

一是深化部门预算、国有资产管理、国库集中收付、政府采购管理等相关制度改革，规范公共支出管理。二是将绩效理念贯穿预算管理的全过程。三是全面推行中期预算管理，以绩效为依据，滚动编制政府预算。四是推进权责发生制政府会计与预算改革，完整、全面地反映政府活动的成本和绩效，不断提高绩效预算成效。五是建立绩效预算信息系统。及时、准确、完整地收集和整理财政信息，准确核算

① 朱海. 丹麦预算绩效管理的实践及启示［J］. 行政事业资产与财务，2009（4）：26-29.

② 朱海. 丹麦预算绩效管理的实践及启示［J］. 行政事业资产与财务，2009（4）：26-29.

并完整反映政府活动成本，提高绩效预算效率。①

（五）建立预算执行情况定期汇报制度

建议借鉴丹麦预算改革的做法，建立预算执行情况定期汇报制度，通过立法赋予财政部预算监督权。规定各部门及支出机构在每个预算年度内定期向财政部与立法部门汇报预算执行情况，若发现超额现象，财政部可依据法定权限采取措施阻止或修正违规行为。②

① 朱海. 丹麦预算绩效管理的实践及启示［J］. 行政事业资产与财务，2009（4）：26-29.

② 李燕，朱春奎. 丹麦预算改革的工具、成效与启示［J］. 地方财政研究，2014（11）：68-73.

第十二章 俄罗斯转型经济体中期预算和绩效预算立法及其反腐败功能研究

一、俄罗斯转型经济体中期预算和绩效预算立法概览

（一）立法背景与动因①

俄罗斯在公共经济领域较早地实施了以中期预算和绩效预算为标志的预算管理改革，为转型经济国家预算体制改革提供了宝贵的经验。

21世纪伊始，普京政府决定在“加强权力垂直线”的方针下实施财税与预算改革。财税方面，中央政府集中了俄罗斯的重要税种之税收收入控制权；预算方面，中央层面集中分配联邦下级政府部门的预算开支，同时地方政府的大部分融资权力也被收回。为了巩固此次改革，还辅之以较为详细的预算管理法律、法规，并对联邦政府官员体系进行了“洗牌”。最终，俄罗斯形成了高度集中的预算管理体制。俄罗斯中期预算和绩效预算改革本质上是对国家预算领域“激进”的自上而下的综合改革，此次改革在规范预算收支纪律方面取得了显著的成效。

① 孙琳，楼京晶. 中期预算和绩效预算改革路径选择：以英国和俄罗斯为例［J］. 复旦学报（社会科学版），2016，58（6）：129-141.

俄罗斯顺应了20世纪80年代西方国家广泛兴起的新公共管理运动浪潮，其财政预算模式开始与世界主流接轨。[①] 俄罗斯政府早期颁布的《俄罗斯经济社会发展国家规划和纲要》要求国家权力机关依照经济状况发展方案对经济社会发展制定长期、中期和短期规划，意在使其成为俄罗斯联邦主体分析经济形势、规划优先方向及后续编制各级中期预算的关键工具。这为俄罗斯绩效预算改革奠定了扎实的法律基础。

（二）立法历程[②]

俄罗斯的中期预算和绩效预算的改革主要分为以下三个阶段。

第一阶段：预算分类改革和构建支出义务名录。

预算分类改革主要包括扩充预算分类项与引入部门分类。《俄罗斯联邦预算程序改革纲要（2004—2006）》[③]（以下简称《改革纲要（2004—2006）》）被认为是俄罗斯推行预算管理改革的第一步，是俄罗斯为达成经济社会发展专项目标和国家规划目标采取的有效路径和手段的综合体系，[④] 也是俄罗斯联邦政府综合分析经济形势、规划优先方向及后续由各级中期预算支撑的关键举措的重要指导性制度。

《改革纲要（2004—2006）》只规定预算体系层面的主要义务、经济和功能、预算分类代号等，而下一步分类结构可由相应层面的权

---

① 童伟. 俄罗斯中期预算改革：原因、现状及发展趋势［J］. 俄罗斯中亚东欧研究，2008（3）：33-38.

② 孙琳，楼京晶. 中期预算和绩效预算改革路径选择：以英国和俄罗斯为例［J］. 复旦学报（社会科学版），2016，58（6）：129-141.

③ 2004年5月22日，俄罗斯联邦通过第249号决议《俄罗斯联邦预算程序改革纲要（2004—2006）》。

④ 《改革纲要（2004—2006）》包括对过去一个阶段俄罗斯联邦经济社会发展成果的评价和俄罗斯联邦经济状态的特征，过去一个阶段俄罗斯联邦经济社会发展的纲要和俄罗斯联邦中期的经济特征，宏观经济政策，制度改革，投资和产业结构政策，农业政策，生态政策，社会政策，区域经济政策，对外经济政策。

力机关自己决定，这就扩大了部门层面资金管理者的自主性，提高了预算编制与执行效率。同时，新分类还规定支出功能分类需要与国家权力机关（地方自治机关）的主要功能一致，从而提高预算过程的透明度。为了提高预算支出效率，俄罗斯财政部等改革主体部门利用先进的规划工具将预算资源从“支出管理”转化为“绩效管理”。该阶段的俄罗斯联邦政府预算改革的程序表现出“自上而下”的特点①。

第二阶段：建立中期预算和预算编制与批准程序。

始于2007年的俄罗斯中期预算改革突出了以“管理结果”为导向的特点，该阶段的中期预算以实现国内生产总值翻番、提高国家经济竞争力、消除贫困等为战略与政策目标，② 并逐步从联邦政府推广到联邦部门与下级权力执行机关。被批准的中期预算包含以下内容：对预算收支总额的预测，预算资金主管部门（根据预算分类科目、专项支出项目和支出总额）确定分配支出种类的归属及预算拨款额，例行财政年度预算间转移支付的分配，各级预算税收扣款规范，预算赤字与利润，联邦、联邦主体或地方政府内债上限，预算外资金收支和赤字额预测。同时，中期预算还需参照俄罗斯经济社会发展中期规划进行年度修正。总体而言，俄罗斯中期预算能够更好地反映经济发展的优先方向，在清晰的中期规划过程中扩大预算过程参与者的权力，增加其责任，使预算过程由预算资源管理向预算绩效管理转变。

在该阶段，联邦预算草案的制定和实施流程已在俄罗斯联邦《预算法》中有较为详尽的规定，但程序更集中在对预算资金分类分配的批准上，而忽略了对预算政策的优先方向的确立和考核。同时，立法和执行机关预算权的划分也不清晰，甚至矛盾，存在联邦预算草

---

① 类似于我国的经济社会发展的五年规划。

② 童伟. 俄罗斯中期预算改革：原因、现状及发展趋势［J］. 俄罗斯中亚东欧研究，2008（3）：33-38.

案制定需要每年修正的现象，这对预算系统下级的预算过程造成了消极的影响。鉴于此，后续的规定对某些预算批准程序进行了简化，并对联邦《预算法》进行了相应修改，这为后一阶段推进绩效预算工作奠定了良好的基础。

现代预算管理的思想主要体现在《俄罗斯联邦提高预算间关系效率和财政管理质量方案（2006—2008）》中,[①] 并重点推出了以经济社会发展纲要为重要前提的项目型预算工具。[②] 这是一种借助企业管理原则，在国家财政支出分配过程中，将国家政策方向、预算资金使用预期及其结果进行关联的预算编制、执行与管理控制办法,[③] 属于预算支出管理体制的系统性转变。在项目型预算编制时，所有（或几乎所有）的预算支出都包含在为实现事先确定的预算政策任务和目标而设立的项目中，项目的目标直接与各种政府部门的战略结果挂钩，并且将支出预算与事前制定的目标相关联，以评价预算资源使用的效率。类似的制度性保障的法规文件还包括联邦专项纲要和由俄罗斯联邦参与实施的国际专项纲要。[④]

第三阶段：制订预算支出效率计划（绩效预算）和实施正式的中期预算。

在经济发展缓慢和金融危机的影响下，俄罗斯的绩效预算出现了停滞的情形，在实际操作中也没有完全与前期改革框架相匹配。直

---

① 2006 年 4 月 3 日，俄罗斯联邦政府发布了第 467 号令《俄罗斯联邦提高预算间关系效率和财政管理质量方案（2006—2008）》。

② 俄罗斯联邦进行项目型预算编制的前提是 20 世纪 90 年代国家权力机关开始制定的《经济社会发展预测与纲要》。预测包含宏观经济形势、部门结构、科技发展、对外经济活动、生产和消费动态、生活水平和质量、生态状况、社会结构以及教育体系、医疗保健、居民社会保障等方面的数量指标和质量特征。

③ 预算资金管理者拥有自主权，可以根据其规划的经济有效性，做出预算资金支出的管理决定，使资源向更有效方向优先分配等。

④ 专项纲要框架包括：所面临问题的特征；主要目的和任务，标明实现期限和步骤以及专项指标；举措清单；资源保障依据；达成纲要目标的机制；专项纲要之经济社会及生态效率评价。该专项纲要属于按照任务、资源和实施期限分类的综合性文件（包括科学、经济社会、组织管理及其他举措），主要用于有效解决俄罗斯联邦国家、经济、生态、社会文化发展等各领域的体制性问题。

到2010年，《2012年前提高预算支出效率计划》的颁布标志着俄罗斯绩效预算改革进入新阶段，三年中期预算的编制也重新进入正轨，[①] 项目型预算改革真正开始。

以上措施在一定程度上将国家计划作为中期预算和绩效预算的工具，即国家计划框架与前期预算改革形成的绩效预算指标相互挂钩，对项目型预算的建设具有极大的促进作用。在俄罗斯联邦政府行政执行机关分阶段、分层次地大力推行预算改革新理念和新措施下，中期预算和绩效预算的实施将政府的公共管理活动直接化、微观化，对抑制官员腐败、建立财政风险抵御机制产生了积极的影响。[②]

（三）立法的主要内容与成效[③]

1. 预算、部门分类改革和支出义务名录相对接

在俄联邦《预算法》中只规定所有预算单位主体的主要义务、基于经济和功能的预算分类代号，分类的明细结构则由相应层面的权力机关自主确定。这在一定程度上扩大了预算资金管理者操作的自主性，提高了预算过程的效率。同时，作为功能和经济分类的补充，俄罗斯预算分类还引入了部门支出机构分类和支出义务名录，将支出功能分类的结构与国家权力机关（地方自治机关）履行的政府主要职能相对应，既提高了资源预算支出的可靠性，又促进了国家管理效率监控系统的形成。

2. 中期预算和绩效预算相衔接

《改革纲要（2004—2006）》引入公共管理主要成果报告，要求

① 2010年6月30日，俄罗斯联邦政府发布了第1101号命令《2012年前提高预算支出效率计划》。

② 童伟. 俄罗斯中期预算改革：原因、现状及发展趋势［J］. 俄罗斯中亚东欧研究，2008（3）：33-38.

③ 孙琳，楼京晶. 中期预算和绩效预算改革路径选择：以英国和俄罗斯为例［J］. 复旦学报（社会科学版），2016，58（6）：129-141.

提交附带绩效指标的预算资金管理目标和任务，以及为达到设定目标和任务的专项纲要和所必需的财政资源等信息。该报告促进了公共管理的目标、任务及成果信息与实际及规划的预算拨款额挂钩。也就是说，《改革纲要（2004—2006）》将现行国家计划与预算过程进行有逻辑的关联，[①] 这样既满足了绩效预算规划要求，也为国家管理机关绩效评价提供了依据。在《俄罗斯联邦提高预算间关系效率和财政管理质量方案（2006—2008）》的框架下，俄罗斯预算改革的重点放在了加大绩效预算工具在联邦主体和地方政府层面上的推进力度。2007 年，联邦中期预算框架逐渐在联邦部门和下级权力执行机关应用，增强了预算政策的结果导向性。2008 年经济危机等原因导致中期预算和绩效预算暂时中断。俄罗斯联邦政府于 2010 年制定并通过了《2012 年前提高预算支出效率计划》，标志着俄罗斯绩效预算改革新阶段的开始。在恢复前期推行的绩效预算工具的基础上，进一步深化国家管理体系的改革，加快了支出部门划分的进程，完善了政府采购以及联邦和地方政府财政管理体系。例如，2011—2016 年几乎所有的联邦预算支出均按照 5 个方向（新的生活质量、经济的创新发展和现代化、国家安全保障、区域平衡发展、公共管理效率提升）分配至 41 个国家计划中。[②] 至此，俄罗斯中期预算框架与此前的绩效预算相结合，在更大程度上反映经济社会发展的优先方向。与此同时，依靠清晰的中期规划条件，扩大预算过程参与者的权力，提高其责任感，使预算过程由预算资源管理向预算绩效管理转变。

总体而言，俄罗斯推行的中期预算和绩效预算在预算管理领域取得了一定成效，各级预算编制和管理及主要程序的固化和修订为国家财政管理体系的完善创造了前提条件。但外部环境的变化和在

---

① 童伟. 俄罗斯中期预算改革：原因、现状及发展趋势［J］. 俄罗斯中亚东欧研究，2008（3）：33-38.

② 国家计划是国家政策举措（任务、实施期限和资源相互关联）和工具体系，在履行国家关键功能的框架下保障达成经济社会发展和安全领域国家政策的优先方向和目标。

改革过程中计划经济的痼疾导致中期预算框架和绩效预算工具在很多方面缺乏可持续性和系统性，如 2015 年石油价格的大幅变化导致原来编制的中期预算基本失效，继 2008 年金融危机之后再一次被迫中断了中期预算的编制。此外，俄罗斯对所推行的预算工具间的相互关系未进行跟踪观察，以及处于等级链条末端的基层政府预算管理绩效低下等问题，也都直接影响到预算管理体系改革的综合效果。①

二、俄罗斯转型经济体中期预算和绩效预算立法的反腐败功能

（一）公开功能②

俄罗斯也发布了一系列法律法规，对预算信息公开的各个层面都作出了详细规定，使公民的预算知情权、参与权、监督权得到最大限度的保障。

如，对联邦预算的公开性要求体现在《预算法》第五条第二部分，即联邦预算法在签署后应在 5 日内正式公布，联邦预算决议在正式签署后 10 日内正式公布。

又如，还有若干联邦法律对政府预算公开进行规范，这些法律有：2005 年 7 月 21 日颁布的联邦法律《依据国家和地方需要采购商品、工程、劳务的订货法》，2010 年 5 月 8 日颁布的联邦法律《完善国家（地方）机构法律地位的相关俄罗斯联邦法令的修改》③，2010

---

① 孙琳，楼京晶. 中期预算和绩效预算改革路径选择：以英国和俄罗斯为例［J］. 复旦学报（社会科学版），2016，58（6）：129-141.

② 童伟，田雅琼. 俄罗斯政府预算公开制度的构建与发展［J］. 财政监督，2017（12）：36-41.

③ 该法律指出，各类国家和地方政府机构都需要以简明易懂和结构严谨的方式提交预算及预算执行报告。

年6月3日发布的第1101号俄罗斯联邦政府令《2012年前提高预算支出效率计划》①，2011年7月18日颁布的联邦法律《部分类型法人采购商品、工程、劳务》②，2011年7月20日发布的第1275号俄罗斯联邦政府令《建立和发展国家公共财政互联网信息管理系统“电子预算”》③，2014年1月30日发布的第93号联邦政府令《2014年俄罗斯联邦政府机构公开框架》④。

俄罗斯各级预算不仅对议会公开，同时也对社会公开。俄罗斯所有的政府预算相关文件，都会通过互联网、新闻媒体、出版物等向社会各界公布。

（二）审计功能

俄罗斯联邦审计院是根据国家杜马1994年11月18日通过的《俄罗斯联邦审计院法》而建立的国家财政监督常设机构，隶属于俄罗斯联邦会议并向其报告工作。审计院对联邦预算和预算外基金以及俄罗斯联邦金融机构中的联邦预算资金和联邦预算外资金进行审计监督，并定期向联邦委员会和国家杜马提交关于联邦预算执行情况的报告。

根据《俄罗斯联邦审计院法》的规定，审计院在向俄罗斯联邦会议上下两院通报审计结果时必须包括预防及打击腐败的问题。俄联邦政府要求采取措施加强对联邦预算拨款、联邦主体预算及地方预算使用情况的监督，审计院主要对预算运用的合法性及效益性进

① 该计划指出，预算公开是提高预算支出绩效的基础和保障，应建立统一的公共财政信息网络“电子预算”，通过该信息系统人们可以很容易地了解每一个政府机构的财务活动，以及资产和负债情况。

② 该法律要求公开披露政府部门采购信息。

③ 该文件指出，“电子预算”的目标是保障国家和地方政府活动的公开、透明及可问责，应借助于统一的信息空间和高科技信息技术提高国家和地方政府的财务管理质量。

④ 该文件指出，俄罗斯联邦政府机构在履职的过程中应主动遵循公开透明的原则。

行审计，揭示使用过程中的腐败行为及其原因，将其通报给国家和执法机构，同时对所发现的制度性缺陷产生的原因进行研究，并制定相应的预防措施。

审计院在国家反腐败战略中承担了重要任务。具体工作内容包括：

保障对用于反腐败的联邦预算拨款利用效果的系统审查。这里主要是对国家反腐败预算的编制及其资金使用过程中出现的各种问题进行检查和分析，发现问题后及时采取措施，确保预算款项使用的有效性与合理性。

确立具体的培训任务。2010 年 4 月，反腐败委员会在其会议上委托审计院组织对参与实施反腐败项目的社会机构成员及有资格对法律法规进行鉴定的专家的培训。培训的主要内容包括俄罗斯联邦法律基础知识及国家反腐败的基本方针和原则。

制定权力执行机关反腐败计划实施效果评定标准和指标体系。主要包括三个方面的内容：一是法律领域。指的是为反腐败提供充分的法律保障及反腐败草案鉴定标准。二是制度化领域。这是对国家机关工作中反腐败制度贯彻情况的评价、对反腐败领域配合机关工作的评价、对国家行政机关法律执行的评价、确保限制及禁止性活动遵守的相关措施的评价及信息政策保障措施实施情况的评价。三是经济效益的标准体系。主要是指各单位是否有有针对性的反腐败计划，该计划是否有财务保障、财务违规与腐败现象的对应措施、拨付给打击腐败的财政资金的使用效果等。

为了向国家反腐败委员会主席团及议会汇报有关情况，审计院专门做了一项分析，即“国家权力机关为落实国家反腐败战略而采取的计划、措施及活动执行情况分析”。

三、启　示

（一）与行政体制改革同步开展

俄罗斯项目型预算作为绩效预算改革的主要方向，与国家计划和公共政策相关联，为公共资源的规划和管理体系的建立奠定了良好的基础，为我国政府治理综合改革提供了良好的思路。[①]

（二）稳定和完善的立法环境是保障

稳定的政治经济环境和完善的法律规范体系是中期预算和绩效预算改革的前提和保障。中期预算和绩效预算改革本身就意味着预算体系在新的预算资源管理的基础上进行全面变革，时间周期跨度较大。转型经济国家则更应该加强法律基础和实施技术条件等方面的建设。预算执行单位需要不断地适应预算编制的新形式，并要加强对公职人员的专业化培训。[②]

（三）建立中期预算和绩效预算相结合的制度体系

1. 建立公共财务分析机制

俄罗斯的中期预算注重与年度预算紧密衔接，并将政府的中期财政战略、短期经济预测、预算法案中的税收举措分析以及包括在公

① 孙琳，楼京晶. 中期预算和绩效预算改革路径选择：以英国和俄罗斯为例［J］. 复旦学报（社会科学版），2016，58（6）：129-141.

② 孙琳，楼京晶. 中期预算和绩效预算改革路径选择：以英国和俄罗斯为例［J］. 复旦学报（社会科学版），2016，58（6）：129-141.

共部门借款需求内的公共财务分析作为报告的主要构成部分，增强了中期预算编制的科学性和规范性。我国主要的预算权（财权）集中在中央政府，地方政府的收支缺口主要通过预算间转移支付来解决。[①] 在此条件下，如果绩效评价指标体系不科学、不客观，就会导致地方政府行为的扭曲和逆向选择。[②]

2. 建立中期预算框架和绩效预算评价体系

尽早建立起一套包含预测、预算、绩效评估这三个核心环节的中期预算框架和绩效预算评价体系。充分鼓励外部独立机构参与对经济情况和财政情况的预测，为中期预算的首要环节“预测”提供比较验证和重要借鉴。[③]

3. 完善中长期预算框架

制定范围更广的战略预算计划和预算周期更长的中长期预算框架，将政策目标与以结果为导向的年度绩效预算计划结合在一起。避免改革过程中因改革条件创造不足而造成的碎片化和制度空转等问题。[④]

4. 建立多种配套制度

如改进预算的记账基础（采用权责发生制）、培训专业的预算编制人员、引入新的责任机制和预算激励等。[⑤]

俄罗斯的绩效预算立法及其反腐败功能，有许多值得我们加以重视、借鉴的地方。毕竟都有计划经济的老底子，两国在建立现代预算制度，尤其是推进绩效预算立法方面有不少共性，因而吸取俄罗斯绩效预算立法的经验和教训显得尤其重要。

---

① 王志刚. 中国未达真正的财政分权［N］. 中国社会科学报，2011-09-30（08）.

② 孙琳，楼京晶. 中期预算和绩效预算改革路径选择：以英国和俄罗斯为例［J］. 复旦学报（社会科学版），2016，58（6）：129-141.

③ 孙琳，楼京晶. 中期预算和绩效预算改革路径选择：以英国和俄罗斯为例［J］. 复旦学报（社会科学版），2016，58（6）：129-141.

④ 孙琳，楼京晶. 中期预算和绩效预算改革路径选择：以英国和俄罗斯为例［J］. 复旦学报（社会科学版），2016，58（6）：129-141.

⑤ 孙琳，楼京晶. 中期预算和绩效预算改革路径选择：以英国和俄罗斯为例［J］. 复旦学报（社会科学版），2016，58（6）：129-141.

第十三章　国外公共财政绩效预算立法及其反腐败功能比较研究

一个国家的治理能力，往往通过预算表现出来。①

起源于美国的绩效预算，由于其所倡导的结果导向、强调支出责任与效益等理念符合现代预算制度改革的演进逻辑和发展方向，受到 OECD 的青睐。在其倡导下，OECD 成员国纷纷探索、推进绩效预算改革。2019 年 OECD 官方绩效预算调查报告显示，90% 的成员国已建立起绩效预算制度。②

目前，绩效预算已成为世界性的财政改革潮流。美国、英国、澳大利亚、新西兰、法国、德国、丹麦、俄罗斯、挪威等国是世界范围内实施绩效预算改革最具代表性的国家。由于实行绩效预算的国家大部分是 OECD 国家，在政治制度、国家体制等方面有一定的相似性，以及受到经济全球化、信息化的影响，其绩效预算改革表现出了许多共同的特征，但也有一些差异。对这些国家的立法情况进行比较，能引发我们的思考。

---

① SCHICK A. The capacity to budget [M]. Washington, D. C.: The Urban Institute Press, 1990.

② OECD. Budgeting and public expenditures in OECD countries 2019 [M]. Paris: OECD Publishing, 2019.

一、国外公共财政绩效预算与反腐败立法整体考察

（一）相似的立法背景与理论基础

1. 背景

各国绩效预算管理改革的背景大体相似。即主要针对传统政府治理框架以及投入控制型预算模式下，政府运作所表现出来的低效率、无效益、浪费等问题，以及由此引起的经济衰退、财政拮据、管理危机和政府公信力下降，各国不得不推行绩效预算改革，以遏制政府开支迅猛增长的势头，提高公共服务质量，改善政府效能，进而提升公众满意度。①

20 世纪后半期，许多西方国家由于政府机构规模日益扩大，社会福利制度的支出增多，导致严重的财政赤字和政府债务。20 世纪 80 年代至 90 年代，很多 OECD 国家由于巨额的财政赤字，通货膨胀率提高，对投资和就业产生不良影响，导致本国在世界经济中的竞争能力下降。当时，美国、澳大利亚、英国、德国等均为巨额财政赤字和债务所困扰，并先后开始了绩效预算方面的探索，从而形成了世界性的政府财政实行绩效预算的改革新潮流（“以结果为导向的预算”）。尽管各国对绩效预算的叫法不尽相同，改革的具体方法也有所不同，但改革的重点却一样，就是将更多的注意力从财政支出过程的管理转到财政资源使用成果上。在改革较早的澳大利亚，成效尤为明显。1995—1996 财政年度，澳大利亚联邦政府赤字 200 亿澳元，国债占 GDP 比重高达 20%。1996 年政府换届后，开始进行绩效预算

① 许安拓. 绩效预算改革启示与借鉴［J］. 人民论坛，2011（29）：116-119.

方面的改革，到1998年就迅速实现了财政略有结余。当前，世界已经进入以知识经济为标志的新时代，民众对政府也有了更高的要求。这种要求加强监督、减缩政府成本的压力，推动了各国绩效预算的实行。①

绩效预算运动在20世纪90年代的重新兴起，还受以下因素的推动：一是新公共管理浪潮的影响。20世纪80年代末出现的新公共管理运动鼓吹按照注重结果、以顾客为中心、向雇员授权和少花钱多办事的原则开展政府重塑和公共部门再造，以提高政府运行效率。在这样的背景下，绩效预算管理的重心从合规性控制、过程管理转到结果导向、业绩导向上，也是顺理成章的。二是政府更迭和施政理念调整的影响。许多国家实施绩效预算都是从政府更迭开始的。以英国为例，1997年3月，时任首相约翰·梅杰解散议会，宣布实行大选，但最终的选举结果是工党成为议院多数党。工党政府上台之后，就开始实施全面支出评估，并最终引入了中期支出管理框架和更加注重绩效的公共服务协议。三是金融危机等负面冲击的影响。②

2. 理论基础

相关理论创新为绩效预算和绩效改革提供了强有力的理论支持，主要有委托代理理论、公共选择理论、新公共管理理论等。

20世纪30年代兴起的委托代理理论认为，公民是社会公共责任的委托人，而政府则是社会公共责任的受托人。在执行委托责任时，由于信息不完全、道德风险等问题，政府在代理过程中偏向于选择有损委托人的行为。所以，应该加强社会公众对政府行为、财政绩效的监督。

20世纪40年代出现的公共选择理论则以理性经济人为假设，提出公共政策的制定应由社会公众以民主方式决定，以建立良好有序、

① 余小平，孔志锋. 在我国实行绩效预算的设想［J］. 财科所研究报告，2004（2）：2-6.

② 张俊伟. 绩效预算改革的背景与内涵［N］. 中国经济时报，2013-10-08（005）.

民主公开的公共财政，其结果是民众对财政预算监督的加强，也促使政府提高其绩效水平。

20 世纪 80 年代出现的新公共管理理论则提出将私营部门的管理理论、方法、技术运用到政府公共部门管理当中，提出以市场、顾客为导向来促进政府绩效的改进。新公共管理理论的基础，则是以现代企业管理制度为代表的理论创新，为绩效预算理论的提出开创了新的视角以及新的方法论。[①]

（二）相似的成效

学者 Schick 将绩效预算的作用划分为核心功能、外围功能和延伸功能三大类，[②] 其中核心功能是优化预算资金配置并进行决策，外围功能表现为提升预算支出的有效性，延伸功能包括增加政府透明度、提高问责度、提升议会及公众对预算的理解和参与能力以及促进绩效文化建设等。据此分析，国外绩效预算改革的成效主要体现在两个方面。

一是提高预算配置效率。绩效预算管理强调绩效信息在预算全过程中的应用，通过以绩效目标为导向的监督机制，使得各个环节在持续的、以绩效目标为参照的对比中不断调整和完善，这无疑有助于提升预算资源在绩效目标实现中的配置效率。同时，绩效预算又强调对结果负责，引入激励机制，有助于消除公共产品或服务供给中的低效率。[③] 二是增强透明度和问责力度。[④]

---

① 杨雅琴，刘美岑. 绩效预算的国际借鉴及改革路径［J］. 地方财政研究，2013（6）：34-39.

② Schick A. The metamorphoses of performance budgeting［J］. OECD Journal on Budgeting，2014，13（2）：49-79.

③ 王莉莉. 中国政府预算绩效管理制度优化与国际经验借鉴研究［D］. 保定：河北大学，2019.

④ 张强，段佳莹，刘雅迪. OECD 国家绩效预算改革的整体画像与启示［J］. 公共治理研究，2023，35（1）：14-23.

（三）立法保障是绩效预算改革取得成效的关键

在 OECD 国家中，大部分国家（其中美国是代表）是通过立法来实施其绩效预算改革的，也有国家（如英国）是通过中央政府部门制定正式的指导方针和要求来进行的，还有一些国家（如加拿大）则介于立法和政策指导方针之间。通过立法来实施绩效预算改革，即使政府更迭，也可以确保绩效改革继续进行，而且有利于在全国范围内建立起一套统一的绩效评价标准。①

如美国在预算管理方面，美国宪法赋予了国会征税权和预算拨款权。如果没有国会的批准，总统和行政机构是没有权力进行预算支出的。1921 年的《预算与会计法案》确立了美国现行预算管理体制的基本框架，规范了总统向国会提交预算的过程，杜绝了各行政部门直接与国会发生申领关系的现象。1974 年的《预算和截留控制法案》建立了国会审议预算草案的机构和程序，强化了国会的控制力。1985 年的《平衡预算和紧急赤字控制法案》和 1990 年的《预算执行法案》规定了削减财政赤字的目标和要求。1993 年的《政府绩效和结果法案》建立了一种结果导向型的预算资金分配机制，并将这一机制贯穿于预算管理的全过程。

（四）制度设计之前瞻

1. 共性分析

（1）绩效预算实践操作有严密的法律法规支持。如英国 1997 年颁布《支出综合审查》，澳大利亚出台《财政管理改革法案》《改

① 肖磊. 经合组织（OECD）成员国绩效预算改革实践［J］. 上海人大，2014（11）：52-53.

革澳大利亚公共服务白皮书》《辨析目标和产出》《目标产出框架》等。

（2）绩效思想贯穿政府预算全过程。

（3）科学、完备的绩效考评框架体系。西方国家大都建立了一套比较完备科学的绩效考评框架体系：一是编制年度绩效计划。二是提交绩效报告。三是对预算部门绩效完成情况进行绩效考评。四是绩效考评结果反馈制度，便于主管部门督促预算部门提升绩效水平，加强预算管理水平及管理效率。

（4）以权责发生制为基本的政府会计制度。权责发生制能够准确、全面地反映当期的成本、费用、收益等项目，能更好地将预算确认的成本与收益进行对比，确定预算支出的绩效水平，从而便于决策制定，也有利于加强管理者对产出和结果的责任意识。例如，美国有选择地采用了改良或修正后的权责发生制进行政府会计核算，澳大利亚、英国等国则实行完全的权责发生制进行政府会计核算。

（5）合理的绩效评价指标体系及方法。该体系是能够实现、可具体操作和量化的指标，能够公正、有效地评价预算部门的支出绩效。通常包括五个一级指标：绩效目标评价指标、资源投入与支出评价指标、产出与影响评价指标、资金使用效率评价指标以及组织与管理评价指标。以上五个一级指标下，又根据评价内容分设若干二级指标和三级指标，对预算部门绩效进行综合评价。

2. 差异分析①

（1）组织实施主体不同。西方国家多采用立法、行政、司法三权分立的基本政治制度，在绩效预算的实际操作过程中，有将绩效考评的组织实施分配给立法、行政机关和中介机构的不同案例。

一是将绩效考评交由立法机关组织实施。例如美国国会委托国

① 杨雅琴，刘美岑. 绩效预算的国际借鉴及改革路径［J］. 地方财政研究，2013（6）：34-39.

会会计总署，对联邦政府部门的计划、项目、专项工作等进行绩效专题评估。同时，国会会计总署还授权联邦部门内部的评价办公室对本部门进行绩效考评。

二是将绩效考评交由行政机关组织实施。例如澳大利亚财政支出的绩效考评工作主要由财政部门负责组织，各政府部门分别开展考评。

三是委托中介机构组织实施。例如英国和瑞典还会通过聘用或委托的方式，将绩效考评工作交由专家、学者、中介机构完成。

（2）具体实施步骤不同。目前西方国家绩效预算具体实施步骤根据各国的国情不同而有所差异。

英国按以下程序进行：前期准备；立项与计划；组织开展工作；确定工作方法和标准；征求部门意见；展开调查；细化分析；提出解决方案；提出建议和警告；提出详细报告；领导签发，发出报告；各方确认，完成报告。

澳大利亚的实施步骤：一是项目的逻辑性分析，包括描述项目、结果能实现的程度、结果的成功程度等具体步骤；二是对评价的管理，包括评价的组织、计划、实施等具体步骤；三是评价报告生成；四是对绩效考评的控制，包括召开会议，分析绩效评价的进展、成果、信息反馈等具体内容；五是对绩效考评的回顾，包括总结绩效考评的经验教训、应注意的问题；等等。

（五）独立财政委员会的组建①

根据欧盟的定义，独立财政委员会是指那些为预算过程提供宏观预测信息、监督财政绩效的独立公共机构。截至 2014 年，OECD

① 马蔡琛，李宛姝．后金融危机时代的政府预算管理变革：基于 OECD 国家的考察［J］．经济与管理研究，2016，37（6）：105-113.

成员国中已有22个国家组建了财政委员会，其类型可以分为四种。①

第一种是设立议会预算办公室，② 最典型的是成立于1974年的美国国会预算办公室。澳大利亚的议会预算办公室成立于2012年7月，是后危机时代设立议会预算办公室的典型，其职责就是为议会提供关于预算周期和财政政策之经济影响的独立分析与预测。

第二种类型是将财政委员会设在行政机构下，③ 如英国的预算责任办公室（OBR）。OBR成立于2010年5月，提供独立且极具权威性的财政预测和分析。OBR每年提供两次对经济和财政状况的五年期展望预测。这样不仅可以保证经济和财政预测信息的动态更新，还能促使中长期预算针对预测信息的变动而相机调整。OBR也会对财政部门的税收成本和福利支出进行详细审查，将相关成本收益分析结果视为一种事前绩效信息，作为编制下一财年的年度和中期预算的决策参考。此外，OBR还可以利用财政预测信息，针对政府绩效能否达到当初承诺的财政目标，做出专业性判断，从而作为一种事中绩效信息对政府绩效表现进行监督与鞭策。④

第三种是作为一个单独机构而存在的财政委员会。⑤ 例如，瑞典的财政政策委员会就与相关文献中描述的独立财政委员会最为接近，但其独立性远未达到描述的完美程度。

第四种是由审计机构担任财政委员会的角色，目前只有芬兰和法国属于这一类型。2012年法国通过的《公共财政组织与管理基本

① DEBRUN X，KINDA T. Strengthening post-crisis fiscal credibility：fiscal councils on the rise—a new dataset [R]. IMF Working Papers，2014.

② 澳大利亚（2012）、加拿大（2008）、意大利（2014）、韩国（2003）、墨西哥（1999）和美国（1974）的财政委员会属于这一类型。

③ 比利时（1989）、丹麦（1962）、日本（1950）、荷兰（1945）、斯洛文尼亚（2009）和英国（2010）的财政委员会属于这一类型。

④ Office for Budget Responsibility [EB/OL]. https：//obr. uk/about-the-obr/what-we-do/.

⑤ 德国（1963）、匈牙利（2009）、爱尔兰（2011）、葡萄牙（2011）、斯洛伐克（2011）和瑞典（2007）的财政委员会属于这一类型。

法》要求建立议会财经委员会。[①] 法国的议会财经委员会主要负责提供编制预算需要的经济预测数据和监督预算执行情况。

各种类型的财政委员会在功能描述上大多提及“独立的”这一形容词，强调委员会不论如何设置都必须保持独立。

各国财政委员会的主要功能：一是预测功能，主要包括预测宏观经济、财政收支以及政府债务水平等核心经济变量，这是财政委员会的核心职能。其宏观经济、未来财政收支预测数据主要服务于预算决策机构，为编制年度预算和中长期预算提供基础性数据支撑。在一些应用中期预算框架的国家中，财政委员会需要将预测的视野扩展为五到十年。例如，美国的国会预算办公室需要对未来十年的经济进行展望，英国的预算责任办公室每年要对经济和财政状况进行两次为期五年的预测。二是评估功能，主要包括评估官方财政收支预测数据的准确性以及各种财政措施的成本。三是监督功能，主要是监督财政规则的遵守情况和预算执行的偏离度。[②]

（六）以提高透明度为中心的反腐败制度建设

绩效预算之所以具有深远而持久的吸引力，是因为它有望通过提高透明度来更好地分配公共资源来改善公共部门绩效[③]。

在推进绩效预算改革进程中，OECD 国家关注绩效预算行为中公共价值的实现，对公众行使权利的路径与绩效信息的可得性做出了明确规定。有 25 个 OECD 成员国通过举行预算公开听证会倾听公众诉求，力求政策执行同公共价值相契合；绝大多数成员国的绩效预算

① GADBLED R. Constitutional change through euro crisis law：“France”［EB/OL］. http：//eurocrisislaw. eui. eu/country/france/topic/budgetaryprocess-changes/.

② 马蔡琛，李宛姝. 后金融危机时代的政府预算管理变革：基于 OECD 国家的考察［J］. 经济与管理研究，2016，37（6）：105-113.

③ Curristine T. Government performance：lessons and challenges［J］. OECD Journal on Budgeting，2006，5（1）：127-151.

资料可在线上随时查阅、下载。美国联邦政府将提高绩效信息透明度列为绩效预算改革的一项战略目标，通过主动公开部门绩效与责任报告（其中包含过去3—5年的绩效结果、当前财政年度绩效目标和绩效结果、下一财政年度绩效目标）、项目绩效评价结果等数据信息，夯实社会监督的基础；此外，各国还通过成立预算专网、制定预算公民指南等措施，推动绩效信息以通俗易懂、简洁明了的方式向社会公开，接受社会监督。①

（七）国外绩效预算改革的主要经验总结②

各国在推进绩效预算改革方面的实践，形成了一些基本的经验，主要包括规范的制度设计、完善的立法支持、健全的评价系统和有效的信息分析等。

一是前瞻、规范的反腐败制度设计。已经开展绩效预算改革的国家，都已具备或者正在着力建设规范合理的预算管理流程和绩效评估体系。其中，预算管理流程重视预算编制的透明度和民主化，以及预算执行和监督的统一；绩效评估体系主要涉及相关指标体系的全面建立，事前、事中和事后的及时评估，以及政府官员的绩效考评机制，并引入了参与式的预算和独立的外部监督。

二是完善的立法支持。有助于推动绩效预算制度的建立按照既定的路线图逐步展开。美国1993年颁布生效的《政府绩效和结果法案》、韩国2000年颁布实施的《政府绩效评价框架法》和瑞典2001年颁布的《预算法案》等，都为各自国内绩效预算制度的建立提供了强有力的法律支持。重视评估和预算方面的立法，建立完善的法律

---

① 张强，段佳莹，刘雅迪. OECD国家绩效预算改革的整体画像与启示［J］. 公共治理研究，2023，35（1）：14-23.

② 杨鹏. 西方国家绩效预算的特点及经验［EB/OL］.（2013-08-06）. https：//www.chinanews. com/cj/2013/08-06/5127285. shtml.

法规体系，是各国推行绩效预算取得成功的主要经验之一。

三是健全的绩效评估与报告系统。绩效预算的评估体系主要由评估主体、评估对象、绩效目标、评估指标、标准、程序、评估报告以及评估结果的应用等组成。完善的绩效评估与报告系统是绩效预算的基础。因为作为一种结果导向的预算模式，绩效预算必须首先评估政府各部门的权力与责任匹配状况。

四是有效的信息分析。从各国的实践看，有效的信息分析涉及信息质量和分析技术两个部分。信息质量主要包括信息来源的科学性、合理性与及时性，它直接关系到绩效评价的准确性与时效性问题。分析技术是技术层面的核心，涉及分析所采用的具体方式和方法，如美国运用的平衡记分卡和 PART 等。

源于西方发达国家的绩效预算为我国绩效预算改革提供了国际经验和较好的借鉴。

二、启　示

（一）绩效预算改革是一个循序渐进的过程

诚如著名的公共预算专家瓦尔达夫斯基所说的：“预算的做出是渐进的，而不是全面的；预算不仅过程实际上是渐进的，而且从规范意义上来讲，也应该是渐进的。”① 的确，绩效预算是一个系统工程，与本国的政治制度、行政文化以及相关的制度基础紧密相连。我国的绩效预算改革应采取渐进模式，分步实施，逐步到位。

① 王丹宇. 绩效预算的国际比较与借鉴［J］. 开发研究，2009（5）：154-157.

（二）绩效预算是今后财政管理改革的发展方向

从各国的改革实践看，绩效预算在改进政府部门绩效、提高公共资金使用效率、节约行政成本等方面取得了明显效果，因此陆续被近50个国家不同程度地使用，逐渐成为财政管理改革的发展方向。

纵观实施绩效预算管理的世界各国，虽然改革的原因和方法不尽相同，但目标大致一致，就是打造一个少花钱多办事，高效、廉洁、责任的政府。①

（三）绩效预算是反腐败利器

世界范围内各国的绩效预算改革实践表明，改革的经验是具有一定普遍性的，不仅适用于发达国家，而且也适用于发展中国家。绩效预算是当代政府管理最有效的手段之一，有助于政府全面深入了解政策目标和优先事项实现程度，以及不同项目对实现战略目标的贡献程度，也有助于提高透明度、强化问责机制，② 是防治财政腐败的利器，能助推国家的治理能力与治理水平迈上新台阶。

有上述翔实的国际经验的启发、借鉴，下一编将讨论中国如何为国际社会提供公共财政绩效预算反腐败立法的中国方案，如何在当下规则重塑的时代推进国际廉洁理财规则的制定。这既是一份挑战，也是一份源于人类命运共同体的责任与担当，更是一种对人类命运共同体使命的践行。

---

① 夏先德. 全过程预算绩效管理机制研究［J］. 财政研究，2013（4）：11-16.

② 史洋，陈习定，张亮，等. 中国绩效预算改革研究：基于 OECD 国家的经验［J］. 宏观经济研究，2018（6）：5-11.

第三编　立法探索编

第十四章　中国公共财政绩效预算与反腐败立法的历史演进

一、中国绩效预算改革的历史发展脉络

我国在财政上使用绩效概念的时间比较晚，绩效预算改革是从财政支出绩效评价开始的。

从 1949 年中华人民共和国成立到此后很长一段时间内，计划经济一直在我国占据统治地位，财政统收统支。即使从 1978 年开始，以市场为导向的经济体制改革逐渐打破了计划体制在财政资源配置上的主导地位，财政资金使用效益问题不断得到重视，这一阶段财政管理也依然侧重于财政收入，对财政支出尤其是财政支出绩效的关注还未摆上主要位置。

（一）滥觞时期（1981—1999 年）

1981 年，政府工作报告中首次采用“经济效益”一词，可视为我国对财政绩效的最初尝试。

1998 年，我国开始建立完整的财政投资评审体系，对投资项目进行事后评价，这是我国推行绩效预算的一个切入点。

1999 年，我国开始推动部门预算、国库集中支付、收支两条线等改革，在很大程度上促进了财政资金使用效益的提高。尽管这一阶

段的财政管理，主要侧重于从财政投入角度控制和提高资金绩效，尚缺乏一套科学的对财政支出结果的评判手段和提高财政资金绩效的有效措施，但却为绩效预算的产生奠定了坚实基础。

（二）形成与发展时期（2000—2009年）

受到国外推广预算绩效理念的影响，2000年财政部成立财政绩效评价课题组，开始探索我国财政资金绩效考评工作。

2003年，党的十六届三中全会上通过了《中共中央关于完善社会主义市场经济体制若干问题的决定》，第一次明确提出我国要建立预算绩效评价体系。中央经济工作会议也要求“推进财政资金使用绩效评估工作”。财政部开始加强绩效评价工作力度，探索提高财政资金使用效益的新方法、新途径，以绩效评价为主要方式的绩效预算开始萌芽。是年，还出台了《中央级行政经费项目支出绩效考评管理办法（试行）》等文件。此后我国加强了绩效评价试点的工作力度。①

2004年，财政部出台《财政部关于开展中央政府投资项目预算绩效评价工作的指导意见》，并组织部分中央部门开展预算支出绩效评价试点工作；同年，广东成立了全国首个省级财政支出绩效评价机构。

2005年5月，财政部出台《中央部门预算支出绩效考评管理办法（试行）》，要求由专门的评价主体对部门绩效进行综合评价。2005年9月，财政部印发《中央级教科文部门项目绩效考评管理办法》。

2006年，《中央部门预算编制指南》明确指出“以绩效考评为突破口，探索科学、合理的预算绩效评价体系，在我国逐步培养关注产出的绩效预算文化，为将来推行绩效预算改革夯实基础”。

① 王海涛. 我国预算绩效管理改革研究［D］. 北京：财政部财政科学研究所，2014.

2008年的《中央部门预算编制指南》进一步指出，绩效考评是加强部门预算管理的需要。党的十七届二中、五中全会提出“推行政府评估和行政问责制度”“完善政府绩效评估制度”，为我国开展绩效预算、加快预算制度改革指明了方向。

2009年，温家宝在国务院第二次廉政工作会议上强调，要推进行政问责制度和绩效管理制度。

2009年6月财政部发布《财政支出绩效评价管理暂行办法》，确立了财政支出绩效评价应当遵循的基本原则和主要依据，并对评价对象和内容、绩效目标、评价指标、评价标准和方法、组织管理和工作程序、绩效报告和绩效评价报告、绩效评价结果及其应用等内容作出了系统规定。同年10月，发布《关于进一步推进中央部门预算项目支出绩效评价试点工作的通知》，与此同时，各地也积极开展了关于绩效预算改革的试点工作。

（三）全过程预算绩效管理时期（2010—2016年）

2010年1月，胡锦涛在中共中央政治局第十八次集体学习时指出，要把改革开放和社会主义现代化建设不断推向前进，就必须深化财税体制改革，完善公共财政体系，提高财政管理绩效。

财政部部长谢旭人在2010年全国财政工作会议上明确要求，要完善绩效预算制度，逐步建立健全绩效目标设定、绩效跟踪、绩效评价及结果运用有机结合的预算管理机制，实现全过程预算绩效管理。加强绩效预算，已成为财政预算管理工作的重要内容。

2011年3月，十一届全国人大四次会议关于预算审查结果的报告提出，要加强预算支出绩效考核。

2011年4月，财政部重新修订并出台《财政支出绩效评价管理暂行办法》，标志着以绩效评价为主要方式的绩效预算工作在全国范围内展开。虽然这种单纯的事后绩效预算模式与年初预算安排的衔接不够，执行中的绩效监控相对缺失，绩效评价结果的应用不够充分，但却为绩效预算的发展奠定了思想基础，积累了宝贵经验。

2011 年 4 月召开的第一次全国预算绩效管理工作会议，首次正式提出全过程预算绩效管理的理念。7 月，财政部下发了《关于推进预算绩效管理的指导意见》，将“推进预算绩效管理”定位为“当前和今后财政预算管理工作的重要内容”，并提出了要逐步建立“预算编制有目标、预算执行有监控、预算完成有评价、评价结果有反馈、反馈结果有应用”的预算绩效管理机制，这意味着我国开始将绩效理念融入预算管理全过程。

2011 年 6 月，监察部印发《关于开展政府绩效管理试点工作的意见》，选择北京、福建、广西、杭州等八个地方政府和国家发改委、财政部等六部委进行政府绩效管理试点。

2012 年 3 月，温家宝在国务院第五次廉政工作会议上强调，要“探索建立政府绩效管理制度”。同月，十一届全国人大五次会议关于预算审查结果的报告中，明确提出要加快建立健全预算绩效管理制度，扩大预算支出绩效评价试点范围，提高财政资金使用绩效。

2012 年，根据党中央、国务院有关加强预算绩效管理的指示精神和提升政府绩效的总体要求，财政部召开了全国财政厅（局）长座谈会，以预算绩效管理为主题，对下一阶段全面推进预算绩效管理进行了专题部署，并在会后印发《预算绩效管理工作规划（2012—2015 年）》，提出了推进预算绩效管理的具体措施。

2012 年 11 月，党的十八大报告明确提出“提高政府公信力和执行力，推进政府绩效管理”的要求，为预算绩效管理工作的全面深化指明了方向，预算绩效管理工作迎来了蓬勃发展的春天。①

2013 年 1 月以来，在财政部的统一部署下，各级财政和预算部门努力推进预算绩效管理工作，取得了积极进展。一是预算绩效管理

① 李一硕. 绩效管理·顶层设计［N］. 中国会计报，2013-03-22（005）.

不断增点扩面。预算绩效管理的范围已基本覆盖全部中央一级预算部门，并逐步向二、三级预算单位延伸；省预算绩效管理试点范围都已从省本级逐步扩大到市、县层面。二是开展重点项目、重点领域绩效评价。三是探索绩效评价结果应用：①实施结果公开，首次将县级财政支出管理绩效综合评价结果通过财政部门户网站进行公开；②开展绩效约谈，首次对部分县级财政综合评价平均得分相对靠后的省（区）财政厅相关负责人，进行了集中工作约谈；③实施绩效奖惩，如，对县级综合评价排名靠前的县和所在省份，给予了相应的资金奖励。四是强化评估基础工作：①规章制度渐成体系，财政部印发了《预算绩效评价共性指标体系框架》，进一步完善顶层制度设计，不断完善地方的规章制度，不断加强指导和规范；②逐步完善智库建设；③宣传培训力度不断加大，取得了积极效果。

2014 年 12 月，财政部出台《权责发生制政府综合财务报告制度改革方案》，建立权责发生制政府综合财务报告制度，以便全面反映政府资产负债、运行成本、现金流量等相关信息，为我国加强预算绩效管理奠定了良好的技术基础。

2015 年 1 月 1 日开始施行的新《预算法》，完善了全口径预算、政府举债、预算公开等方面内容，同时也明确了财政支出的绩效管理，要求各级政府、部门及单位对支出开展绩效评价，从国家层面奠定了预算绩效改革的法理基础。

2016 年，财政部全面推进中央预算绩效管理，在实现部门项目支出绩效目标管理全覆盖、绩效目标监控试点、重点项目绩效评价、预决算公开等方面取得突破性进展。

（四）全面实施绩效管理推进时期（2017 至今）

2017 年，党的十九大正式提出“建立全面规范透明、标准科学、约束有力的预算制度，全面实施绩效管理”的要求。

为了解决我国预算绩效管理存在的突出问题，2018 年 9 月中共中央与国务院共同印发了《关于全面实施预算绩效管理的意见》，对预算绩效监督的发展具有里程碑式的意义，明确提出了我国要力争用 3—5 年时间基本建成全方位、全过程、全覆盖的预算绩效管理体系，坚定了我国全面实施预算绩效管理的决心，并对全面实施预算绩效管理进行宏观层面的顶层设计。

2018 年 11 月 8 日，财政部印发了《关于贯彻落实〈中共中央 国务院关于全面实施预算绩效管理的意见〉的通知》，直接定下中央部门、省级层面和市县层面分别要在 2020 年底和 2022 年底基本建成全方位、全过程、全覆盖的预算绩效管理体系。对各部门各地区的预算绩效监督提出了具体要求，指出财政部门要会同审计部门加强预算绩效监督管理，推动社会力量参与监督，加强问责。同年 12 月再次修订《预算法》，明确提出“全面实施绩效管理”，至此构建了我国全面实施预算绩效管理的总体制度安排。

2020 年 8 月 3 日，李克强总理签署第 729 号国务院令，公布了修订后的《中华人民共和国预算法实施条例》，自 2020 年 10 月 1 日起施行。此次修订，是自 1995 年《预算法实施条例》发布以来的首次修订，为自 2004 年启动的《预算法》修订工作画上了一个圆满的句号，是中国预算法治化进程中的一个里程碑。《预算法实施条例》贯彻落实党的十九大提出的全面实施绩效管理精神，遵循修订后的《预算法》要求，细化完善了预算绩效管理各环节有关要求，夯实了预算绩效管理的法律基础。具体体现在绩效目标设置、评价内容选择、绩效评价的部门职责以及绩效评价结果应用四个方面。同年，十九届五中全会提出“强化预算约束和绩效管理”。财政部发布《项目支出绩效评价管理办法》，要求针对预算项目支出建立可操作性的管理与评价框架。

2021 年 3 月颁布的《国务院关于进一步深化预算管理制度改革的意见》也将“推进预算和绩效管理一体化”作为今后预算改革的

重要目标。全国人大也从立法监督角度多次对绩效评价给予指导并提出明确要求。

2022 年，党的二十大报告明确指出，要“健全现代预算制度”。

近十几年来，从中央到各省都在预算绩效管理上不断深化改革，但是相对于新西兰等国家而言，我国的预算绩效管理起步晚，各地推进程度参差不齐，亟须借鉴优秀的改革经验。

二、推进绩效预算与反腐败立法的基础与准备

（一）全面实施预算绩效管理的顶层设计

全面实施预算绩效管理是我国实现现代化治理的大工程，涉及预算全过程和多方预算管理主体，没有顶层设计会导致预算绩效改革没有目标和规划，难以取得理想的结果。

2018 年 9 月，中共中央与国务院共同印发的《关于全面实施预算绩效管理的意见》完成了我国对全面实施预算绩效管理的顶层设计，为我国全面实施预算绩效管理进行了统筹规划。

1. 总体思路①

创新预算管理方式，更加注重结果导向、强调成本效益、硬化责任约束，力争用 3—5 年时间基本建成全方位、全过程、全覆盖的预算绩效管理体系，实现预算和绩效管理一体化，着力提高财政资源配置效率和使用效益，改变预算资金分配的固化格局，提高预算管理水平和政策实施效果，为经济社会发展提供有力保障。

---

① 朱静. 解读《中共中央 国务院关于全面实施预算绩效管理的意见》：财政部预算司有关负责人答记者问［J］. 新理财（政府理财），2018（11）：30-31.

2. 基本原则①

一是坚持总体设计、统筹兼顾。统筹谋划全面实施预算绩效管理的路径和制度体系，既聚焦解决当前最紧迫问题，又着眼健全长效机制。

二是全面推进、突出重点。预算绩效管理既要全面推进，又要突出重点，坚持问题导向，聚焦提升覆盖面广、社会关注度高、持续时间长的重大政策和项目实施效果。

三是科学规范、公开透明。既要抓紧健全科学规范的管理制度，又要大力推进绩效信息公开透明，主动向同级人大报告、向社会公开。

四是权责对等、约束有力。既要明确各方预算绩效管理职责，又要健全激励约束机制，调动地方和部门的积极性和主动性。

3. 三个维度②

从“全方位、全过程、全覆盖”三个维度推动绩效管理全面实施。一是构建全方位预算绩效管理格局。二是建立全过程预算绩效管理链条。三是完善全覆盖预算绩效管理体系。

4. 四大举措③

一是拓展预算绩效管理实施对象。二是开展事前绩效评估。三是实施预算和绩效“双监控”。四是建立多层次绩效评价体系。

5. 两大约束④

一是明确绩效管理责任约束。按照党中央、国务院统一部署，财

① 朱静. 解读《中共中央 国务院关于全面实施预算绩效管理的意见》：财政部预算司有关负责人答记者问［J］. 新理财（政府理财），2018（11）：30-31.

② 朱静. 解读《中共中央 国务院关于全面实施预算绩效管理的意见》：财政部预算司有关负责人答记者问［J］. 新理财（政府理财），2018（11）：30-31.

③ 朱静. 解读《中共中央 国务院关于全面实施预算绩效管理的意见》：财政部预算司有关负责人答记者问［J］. 新理财（政府理财），2018（11）：30-31.

④ 朱静. 解读《中共中央 国务院关于全面实施预算绩效管理的意见》：财政部预算司有关负责人答记者问［J］. 新理财（政府理财），2018（11）：30-31.

政部要完善绩效管理的责任约束机制，地方各级政府和各部门、各单位是预算绩效管理的责任主体。项目责任人对项目预算绩效负责，对重大项目的责任人实行绩效终身责任追究制，切实做到花钱必问效、无效必问责。

二是强化绩效管理激励约束。按照权责对等原则，在明确绩效管理责任的同时，赋予部门和资金使用单位更多的自主权管理，调动其履职尽责和干事创业的积极性。同时，要求各级财政部门抓紧建立绩效评价结果与预算安排和政策调整挂钩机制，将本级部门整体绩效与部门预算安排挂钩，将下级政府财政运行综合绩效与转移支付分配挂钩。

6. 三大保障[①]

一是加强绩效管理组织领导。二是加强绩效管理监督问责。三是加强绩效管理工作考核。

（二）《预算法》为推进预算绩效管理奠定法律基础[②]

《预算法》是我国预算管理工作的基本法，是规范预算管理行为中最重要、效力最高的法律。[③] 2014 年修正的《预算法》将“讲求绩效”首次独立设计为各级预算应遵循的原则，[④] 这表示我国的预算管理模式从传统的预算管理模式开始向现代预算绩效管理模式转变。除此之外，新《预算法》还对预算的编制、审查和决算环节作出了与预算绩效相关的规定。在预算编制上，要求各级预算参考有关支出

① 朱静. 解读《中共中央 国务院关于全面实施预算绩效管理的意见》：财政部预算司有关负责人答记者问 [J]. 新理财（政府理财），2018（11）：30-31.

② 叶妮妮. 我国全面实施预算绩效管理法治化路径研究 [D]. 厦门：厦门大学，2019.

③ 王宗涛. 预算法的再定位与中国《预算法》的修改 [J]. 西南政法大学学报，2011，13（5）：50-55.

④ 《预算法》第 12 条：“各级预算应当遵循统筹兼顾、勤俭节约、量力而行、讲求绩效和收支平衡的原则。”

绩效评价结果进行预算编制，[①] 各部门、各单位要以绩效目标管理为依据编制预算草案，[②] 前者为预算评价结果与预算编制建立了联系，后者则突出了结果导向的预算绩效理念；在预算审查方面，要求各级人大常委会应在审查工作报告中对提高预算绩效提出建议和意见，[③] 并要求各级人大应对本级决算草案的绩效情况进行重点审查，[④] 加强了人大对预算绩效的监督作用；在决算中，要求各级政府、各部门、各单位对预算支出情况开展绩效评价，确立了预算绩效自评机制。[⑤] 2014 年修订的《预算法》为我国全面开展预算绩效管理奠定了法律基础，使其在中国具有合法性。

2018 年修订的《预算法》仅将原第 88 条“监督检查本级各部门及其所属各单位预算的编制、执行”修改为“监督本级各部门及其所属单位预算管理有关工作”，使《预算法》更具操作性。

（三）财政部制定多项相关规章制度以提供指引[⑥]

在预算绩效管理改革中，财政部承担了协调和组织工作开展的责任，并出台了许多具有普遍指导意义的部门规章与规范性文件。财政部在 2011 年明确提出全过程预算绩效管理的概念。在这之前，财

① 《预算法》第 32 条第 1 款：“各级预算应当根据年度经济社会发展目标、国家宏观调控总体要求和跨年度预算平衡的需要，参考上一年预算执行情况、有关支出绩效评价结果和本年度收支预测，按照规定程序征求各方面意见后，进行编制。”

② 《预算法》第 32 条第 3 款：“各部门、各单位应当按照国务院财政部门制定的政府收支分类科目、预算支出标准和要求，以及绩效目标管理等预算编制规定，根据其依法履行职能和事业发展的需要以及存量资产情况，编制本部门、本单位预算草案。”

③ 《预算法》第 49 条第 3 款第 4 项：“审查结果报告应当包括下列内容：（四）对执行年度预算、改进预算管理、提高预算绩效、加强预算监督等提出意见和建议。”

④ 《预算法》第 79 条第 2 项：“县级以上各级人民代表大会常务委员会和乡、民族乡、镇人民代表大会对本级决算草案，重点审查下列内容：（二）支出政策实施情况和重点支出、重大投资项目资金的使用及绩效情况。”

⑤ 《预算法》第 57 条第 3 款：“各级政府、各部门、各单位应当对预算支出情况开展绩效评价。”

⑥ 叶妮妮. 我国全面实施预算绩效管理法治化路径研究［D］. 厦门：厦门大学，2019.

政部主要针对绩效评价颁布了《财政部关于开展中央政府投资项目预算绩效评价工作的指导意见》(2004)、《中央部门预算支出绩效考评管理办法（试行）》(2005)、《关于进一步推进中央部门预算项目支出绩效评价试点工作的通知》（2009）；2011 年之后，财政部针对预算绩效管理出台了《财政支出绩效评价管理暂行办法》（2011)、《关于推进预算绩效管理的指导意见》（2011)、《预算绩效管理工作考核办法（试行）》(2011)、《预算绩效管理工作规划（2012—2015年）》(2012)，针对预算绩效评价共性指标的构建制定了《预算绩效评价共性指标体系框架》（2013)，针对预算绩效目标管理出台了《中央部门预算绩效目标管理办法》（2015)、《中央对地方专项转移支付绩效目标管理暂行办法》（2015）和《关于开展 2016 年度中央部门项目支出绩效目标执行监控试点工作的通知》（2016)，针对中央部门的预算绩评价工作印发了《关于开展 2017 年中央部门整体支出绩效评价试点工作的通知》(2017)。①

2018 年 11 月 8 日，财政部印发了《关于贯彻落实〈中共中央 国务院关于全面实施预算绩效管理的意见〉的通知》，对各部门各地区的预算绩效监督提出了具体要求，指出财政部门要会同审计部门加强预算绩效监督管理，推动社会力量参与监督，加强问责。

2019 年 3 月 20 日，财政部发布的《2019 年财政部立法工作安排》确定了将开始对财政预算绩效管理办法进行立法研究。财政部基本都是根据实践的需要出台相应的规章制度，从而推动开展预算绩效管理改革。②

2019 年 7 月 26 日，《中央部门预算绩效运行监控管理暂行办法》出台，共 6 章 16 条，对财政部、中央部门及其所属单位的预算执行情况和绩效目标实现程度的监督进行了细致要求，包括明确绩效监控的职责分工、细化绩效监控内容和要求、强化了绩效监控结果的

① 陈少强，梁煌欣. 预算绩效管理的里程碑［J］. 中国发展观察，2018（Z2）：42-46.

② 叶妮妮. 我国全面实施预算绩效管理法治化路径研究［D］. 厦门：厦门大学，2019.

应用。

2021 年 4 月 29 日第十三届全国人民代表大会常务委员会第二十八次会议修订了《全国人民代表大会常务委员会关于加强中央预算审查监督的决定》，主要内容有：一是加强全口径审查和全过程监管；二是加强中央预算编制的监督工作；三是加强和改善中央预算的初步审查工作；四是加强中央预算执行情况的监督工作；五是加强中央预算调整方案的审查工作；六是加强中央决算的审查工作；七是加强预算绩效的审查监督工作；八是加强对中央预算执行和决策的审计监督；九是加强审计查出问题整改情况的监督工作；十是依法执行备案制度、强化预算法律责任；十一是更好发挥全国人大代表作用；十二是预算委员会职责。

此外，2021 年，财政部陆续印发《关于委托第三方机构参与预算绩效管理的指导意见》《第三方机构预算绩效评价业务监督管理暂行办法》《地方政府专项债券项目资金绩效管理办法》《中央部门项目支出核心绩效目标和指标设置及取值指引（试行）》等多项制度办法，夯实绩效管理制度基础。

2022 年 3 月 29 日，财政部发布的《2022 年财政部立法工作安排》确定了要根据实践需要对财政、预算管理领域的立法问题开展前瞻性研究。这些规章制度立足于实践出台，旨在推动预算绩效监督改革，对我国探索预算绩效监督法治化的路径存在借鉴的价值。

三、既存问题①

政府预算绩效管理工作的法律体系支撑力不够，导致政府预算绩效管理自上而下的改革、发展受到一定的阻碍。

① 焦方义，李婷. 我国政府预算绩效管理的发展趋向和优化路径［J］. 行政论坛，2023，30（1）：87-93.

从国外的实践来看，其通常采用立法的形式，制定与绩效预算相关的法律，为工作的顺利开展提供法律依据。虽然我国已实施了《预算法》等专项法律，出台了纲领性文件以及其他补充性文件，但是目前还没有出台绩效预算的专门性法律。因此，绩效预算的法律支撑保障仍存在空缺。①

目前，在我国现行法律法规中涉及绩效预算或预算绩效管理的除了《中华人民共和国预算法》和《中华人民共和国预算法实施条例》外，还有《中华人民共和国乡村振兴促进法》和《中华人民共和国中小企业促进法》，此外还有国务院规范性文件45项。特别是在2020年8月修订的《中华人民共和国预算法实施条例》中对专项转移支付定期评估和退出中绩效结果应用、绩效评价的概念以及财政部门及预算执行中各部门、各单位预算绩效管理的职责进行了进一步明确。总体来看，推进绩效预算、预算绩效管理在我国虽有规范基础，但具有可操作性的体系化专门立法仍付诸阙如。②

这种现状势必导致预算绩效管理工作的开展缺乏统一且具体的实施原则和指导标准。在政府预算绩效管理制度体系建设方面，我国基础保障仍需加强，现行的政府预算绩效管理制度尚存在一些不足。同法律体系一样，我国正处于加快制定、完善政府预算绩效管理制度的进程中，财政部印发的《中央部门预算绩效运行监控管理暂行办法》《中央部门项目支出核心绩效目标和指标设置及取值指引（试行）》等管理办法仍需进一步完善，如加强事前绩效评价、部门整体支出绩效管理办法等。

此外，在预算活动过程中还出现了人大预算权被虚化、预算编制不科学、预算内容不公开透明、预算调整频繁、缺乏预算问责机制等一系列问题，都需要通过立法予以完善。

---

① 张绘，武靖州．从预算绩效、绩效预算到政府治理绩效［J］．财政监督，2017（24）：55-59.

② 钟玮．预算绩效法治化推进：分析与建议［J］．财政科学，2021（9）：116-121+128.

第十五章　习近平总书记关于财政工作的重要论述是推进公共财政反腐败立法的思想指引与根本遵循

一、习近平总书记关于财政工作的系列重要论述和党中央、国务院的重大决策部署及其科学内涵

党的十八大以来，党和国家领导人高度重视财政体制改革和财政法治建设。习近平总书记对财政工作作出了一系列重要批示与论述。党中央和国务院也对深化财政改革、建立现代财政制度作出了一系列重大决策部署。

（一）习近平总书记关于财政工作的系列重要论述及其科学内涵

党的十八大以来，习近平总书记就财政工作与预算工作作出了系列重要指示与论述，形成了科学的理论体系。

1. 关于财政、财税体制的重要论述

2013 年 11 月，习近平总书记在党的十八届三中全会上指出："财政是国家治理的基础和重要支柱。"将财政的职能定位提升到前所未有的高度。他还指出，"科学的财税体制是优化资源配置、维护市场统一、促进社会公平、实现国家长治久安的制度保障"，并就改

进预算管理制度、完善税收制度及建立事权和支出责任相适应的制度等作出具体部署。

2014 年 6 月 6 日，在中央全面深化改革领导小组第三次会议上，习近平总书记指出：“财税体制改革不是解一时之弊，而是着眼长远机制的系统性重构。”在所有财政问题中，预算处于核心位置。预算编制过程，不仅是自然人和法人行为选择的过程，是政治达成共识的过程，还是经济秩序博弈过程，更是社会多方融合过程。财政本质上都是围绕着预算资金的分配而进行的，各种行为选择、资源配置、政治冲突和社会融合最终都会反映到预算的全过程。现代预算制度就是在此基础上建立的，它始终在国家治理现代化和治理能力提升中发挥着基础性、制度性、保障性作用。

2. 关于财会监督的重要论述

2020 年 1 月 13 日，习近平总书记在十九届中央纪委四次全会上发表重要讲话，强调要完善党和国家监督体系，以党内监督为主导，推动人大监督、民主监督、行政监督、司法监督、审计监督、财会监督、统计监督、群众监督、舆论监督有机贯通、相互协调。

2021 年 11 月 8 日，在十九届中央纪委六次全会上，习近平总书记指出，审计监督、财会监督、统计监督都是党和国家监督体系的重要组成部分，要推动规范用权，及时校准纠偏，严肃财经纪律。

2022 年 4 月 19 日，习近平总书记在中央全面深化改革委员会第二十五次会议上再次强调，要严肃财经纪律，维护财经秩序，健全财会监督机制。

3. 关于公共预算的重要论述

习近平总书记在党的十九大报告中强调，要加快建立现代财政制度，建立全面规范透明、标准科学、约束有力的预算制度，全面实施绩效管理。

习近平总书记对财政工作所作出的系列重要论述，深刻阐述了新时代财政改革发展的重大理论和实践问题，内涵丰富、立意高远、思想深邃，为做好新时代财政工作，尤其是公共财政绩效预算与反腐败立法工作，指明了方向、提供了根本遵循。

要深入学习习近平总书记关于财政工作的重要论述，深刻领会贯穿其中的立场、观点、方法，努力在公共财政反腐败立法推进中作出理论研究者的智力贡献。

（二）党中央、国务院的重大决策部署及其科学内涵

财政是国家治理的基础和重要支柱，全面实施预算绩效管理是现代财政制度的重要组成部分，党中央、国务院对此高度重视。

2014 年 10 月，党的十八届四中全会将财政税收作为立法工作的重点领域。

2015 年 10 月，党的十八届五中全会进一步提出健全现代财政制度。

2017 年 10 月，党的十九大报告指出："加快建立现代财政制度，建立权责清晰、财力协调、区域均衡的中央和地方财政关系。"

为解决预算绩效管理存在的突出问题，2018 年 9 月，中共中央、国务院印发《关于全面实施预算绩效管理的意见》，力争以全面实施预算绩效管理为关键点和突破口，推动财政资金聚力增效，提高公共服务供给质量。这是推进国家治理体系和治理能力现代化的内在要求，是增强政府公信力和执行力、提高人民群众满意度的有效途径，是建设高效、责任、透明政府的重大举措。

2019 年 10 月，党的十九届四中全会决定进一步指出，"完善规范透明、标准科学、约束有力的预算制度"，"优化政府间事权和财权划分，建立权责清晰、财力协调、区域均衡的中央和地方财政关系，形成稳定的各级政府事权、支出责任和财力相适应的制度"，并对深化财税体制改革提出了一系列要求。

2020 年 10 月，党的十九届五中全会通过的《中共中央关于制定

国民经济和社会发展第十四个五年规划和二〇三五年远景目标的建议》，明确提出了建立现代财税体制的目标要求、主要任务和实现路径。这是以习近平同志为核心的党中央深刻把握国内外形势发展变化以及党和国家事业发展需要，从战略和全局高度作出的重大部署。

2022 年 10 月，党的二十大报告从战略和全局的高度，明确了进一步深化财税体制改革的重点举措，提出“健全现代预算制度”，为做好新时代新征程财政预算工作指明了方向。经过党的十八大以来的改革，我国现代预算制度基本确立。党的二十大要求健全现代预算制度，这是党中央立足国情、着眼全局、面向未来的重大部署，现代预算制度建设迈上新征程。

2023 年 2 月，中共中央办公厅国务院办公厅印发《关于进一步加强财会监督工作的意见》。以习近平同志为核心的党中央总揽全局、审时度势，作出健全党和国家监督体系的战略部署，将财会监督作为党和国家监督体系的重要组成部分，为新时代推进财会监督工作提供了根本遵循。

党的十八大以来，按照党中央、国务院的部署，财政部积极深化预算绩效管理改革，财政资金使用绩效不断提升，为全面实施预算绩效管理奠定了良好基础。但也要看到，现行预算绩效管理中仍然存在一些突出问题，如：绩效理念尚未牢固树立，绩效管理广度和深度不足，绩效激励约束作用不强，预算绩效管理对提高财政资源配置效率和使用效益的作用没有充分发挥。因而，推进公共财政领域的相关制度建设，尤其是推进公共财政反腐败立法刻不容缓。

二、以习近平总书记关于财政工作重要论述为指导充分认识推进公共财政反腐败立法意义

（一）充分认识推进公共财政绩效预算反腐败立法意义

1. 预算在公共财政中的核心地位

预算是财政的基石，是实现现代国家治理的重要手段。预算不仅是公开政府收支的手段，也是对政府收支的有力约束，是一切政府行为的先导步骤。

公共财政活动是在既定的民主政治程序约束下进行的。财政活动必须按预算程序依法进行，预算的编制、执行、调整、决算、审计等整个循环过程都必须接受权力机关监督，并向社会公开，接受公众及舆论监督。因此，在现代国家财政的框架下，预算制度作为财政运行的整体机制，是监督政府财政活动的主要途径。①

总体上看，财税领域的改革多是围绕着绩效预算改革展开的。②由此可见，建立现代预算制度是建立现代财政制度、推进国家治理体系与治理能力现代化的核心内容，是实现制约政府行政权力扩张、将“权力关进制度的笼子”的重要载体。

2. 全面实施绩效预算的意义

预算体现党和国家的意志，服务保障党和国家的重大方针、重大

---

① 刘剑文. 走向财税法治：信念与追求［M］. 北京：法律出版社，2009：54.

② 如：2014 年 8 月 31 日第十二届全国人大常委会第十次会议通过的《全国人民代表大会常务委员会关于修改〈中华人民共和国预算法〉的决定》，为建立全面规范、公开透明的现代预算制度提供充分的法律保障；《国务院关于加强地方政府性债务管理的意见》（国发〔2014〕43 号）、《国务院关于深化预算管理制度改革的决定》（国发〔2014〕45 号）、《国务院关于实行中期财政规划管理的意见》（国发〔2015〕3 号）等文件的颁布，

方略、重大决策、重大工作。

全面实施绩效预算是实现新时代新征程目标任务的重要举措。当前，世界百年未有之大变局加速演进，绩效预算必须准确把握新的战略机遇，以新发展理念为引领，更加体现时代性、法治性、透明性、科学性、开放性、安全性，支持加快构建新发展格局，实现高质量发展。

全面实施绩效预算是推进中国式现代化的重要保障。必须发挥预算在资源配置、财力保障等方面的重要作用，更好满足人民日益增长的美好生活需要。

全面实施绩效预算是构建高水平社会主义市场经济体制的重要支撑。预算作为宏观经济治理工具，能根据社会主义市场经济体制要求和宏观调控目标，引导优化市场资源配置，推动有效市场和有为政府结合。

3. 推进绩效预算与反腐败立法刻不容缓

预算是国家的一种公共治理活动，其归根结底是要维护公共利益。

提高透明度，是绩效预算顺畅运行的前提，是现代财政民主法治的基础。引入绩效预算制度，让“看不见的政府”变成“看得见的政府”，淘汰了“不负责任的政府”，变成了民主的、方便民众监督的政府，从制度上降低了腐败发生的可能性。

建立问责追责机制是预算治理的基石。监督各治理主体职责履行情况，对治理主体进行奖励或处罚是保障预算顺畅运行的制度基础。

强化监督是预算顺畅运行的“防腐剂”。基于宪法，人民对政府预算有知情权和监督权。应依法明确各级政府公开预算信息的义务和法律责任，按照“公开为原则，不公开为例外”的准则，规定预算信息公开的内容和方式，确保社会公众依法了解、掌握政府资金收支的来龙去脉，表达对预算资金配置使用的诉求，并积极探索公众参与预算决策过程的机制与渠道。①

（二）充分认识推进公共财政反腐败立法意义②

推进财政制度改革、推进财政法治建设是推进国家治理现代化的必由之路。

在党的十八届三中全会通过的《中共中央关于全面深化改革若干重大问题的决定》中，明确指出财政是国家治理的基础和重要支柱，这一新的定位赋予了财政以反腐倡廉必然的职能职责。③

党的十九届五中全会通过的《中共中央关于制定国民经济和社会发展第十四个五年规划和二〇三五年远景目标的建议》，明确提出了建立现代财税体制的目标要求、主要任务和实现路径。建立现代财税体制，是我国进入新发展阶段抓住新机遇、应对新挑战的必然要求。

推进公共财政反腐败立法，是全面建设社会主义现代化国家的重要保障。习近平总书记强调，从全面建成小康社会到基本实现现代化，再到全面建成社会主义现代化强国，是新时代中国特色社会主义发展的战略安排。我们要深刻领会、认真践行、推进公共财政反腐败立法研究。

推进公共财政反腐败立法，是推进国家治理体系和治理能力现代化的应有之义。习近平总书记指出，随着我国迈入新发展阶段，改革也面临新的任务，必须拿出更大的勇气、更多的举措破除深层次体制机制障碍，坚持和完善中国特色社会主义制度，推进国家治理体系和治理能力现代化。财政是国家治理的基础和重要支柱。必须建立现代财税体制，更加彰显统一完整、权责对等、高效公平、公开透明等

① 许正中. 预算现代化是国家治理能力提升的重要抓手［EB/OL］.（2018-05-31）. http：//theory. people. com. cn/n1/2018/0531/c40531-30025079. html.

② 刘昆. 建立现代财税体制［J］. 中国财政，2020（22）：4-7.

③ 刘朔涛. 财政法治的反腐败效应研究：基于省级面板数据的实证分析［J］. 财政监督，2017（10）：16-24.

特征，推动国家治理体系和治理能力现代化不断取得新成效。

推进公共财政反腐败立法，是深化财税体制改革成果的有效措施。习近平总书记强调，科学的财税体制是优化资源配置、维护市场统一、促进社会公平、实现国家长治久安的制度保障。党的十八届三中全会以来，按照党中央决策部署，财税体制改革全面发力、多点突破、纵深推进，预算管理制度更加完善，财政体制进一步健全，税收制度改革取得重大进展，现代财政制度框架基本确立。在此基础上，才能通过立法，尤其是反腐败立法，巩固与拓展公共财政领域的各项制度成果。

三、习近平总书记关于财政工作的重要论述是开展全面绩效管理立法与公共财政反腐败立法研究的根本遵循

预算体现国家的战略和政策，反映政府的活动范围和方向，是推进国家治理体系和治理能力现代化的重要支撑。

如何发挥立法的作用，如何提高立法质量，通过“立、改、废、释”，使公共财政反腐败法规与法律、绩效预算与反腐败法规法律以及其他反腐败规范性文件之间相协调，从而为中国式公共财政反腐败立法打下坚实的法理基础，可以说是立法理论研究工作者面临的重大课题。

2013 年 2 月 23 日，习近平总书记在中央政治局就全面推进依法治国进行的第四次集体学习上发表重要讲话，指出要完善立法规划，突出立法重点，坚持立改废并举，提高立法科学化、民主化水平，提高法律的针对性、及时性、系统性。要完善立法工作机制和程序，扩大公众有序参与，充分听取各方面意见，使法律准确反映经济社会发展要求，更好协调利益关系，发挥立法的引领和推动作用。

党的十九大报告强调：“建立全面规范透明、标准科学、约束有

力的预算制度，全面实施绩效管理。”

推进全面绩效管理立法与公共财政反腐败立法是贯彻落实习近平总书记关于财政工作重要论述精神的具体行动，是贯彻落实党中央、国务院关于加强公共财政工作决策部署的重大举措。

因此，要深入学习、深刻领会习近平总书记关于财政工作的重要论述精神，坚持科学立法、民主立法、依法立法，坚持公共财政立法主动适应经济社会发展和财政改革需要，深入推进依法理财，推进全面绩效管理立法与公共财政反腐败立法研究，为加快建立现代财政制度提供有力的法治保障。

做好新时代全面绩效管理立法与公共财政反腐败立法工作，应以习近平总书记关于财政工作重要论述为指导，深入贯彻党的二十大精神，完整、准确、全面贯彻新发展理念，以推进国家治理体系和治理能力现代化为根本目标，注重把握公共财政反腐败工作的时代要求、职能定位、重点任务，突出政治属性，对新时代公共财政反腐败法律体系、工作机制等方面进行科学谋划和统筹设计，推动新时代公共财政反腐败工作高质量发展。按照上述思路，从明确公共财政反腐败的内涵和工作要求、构建公共财政反腐败法律体系、健全反腐败工作机制等方面，搭建起公共财政反腐败的“四梁八柱”。

做好新时代全面绩效管理立法与公共财政反腐败立法工作，必须立足当前、着眼长远，从体制机制上破解难题，加快构建健全完善、保障有力的公共财政反腐败法律体系，建立协调配合、运转有序的反腐败工作机制，切实提升反腐败效能，更好发挥公共财政反腐败立法的基础性、支撑性作用。

在新时代建立健全绩效管理立法与公共财政反腐败法律体系、完善反腐败工作机制等方面进行顶层设计。这对进一步推进反腐败国家立法、推进国家治理体系和治理能力现代化，对进一步推进全面从严治党，对进一步健全财政职能、加强财政管理、严肃财经纪律、维护财经秩序等方面都具有重要意义。

第十六章　推进中国公共财政绩效预算与反腐败立法研究

一、新时代推进公共财政绩效预算与反腐败立法的重要性和紧迫性

如前所述，党的十六大以来，党中央、国务院对推行政府评估工作高度重视，多次提出要完善预算制度，推进绩效预算，提高财政资金使用效益和政府工作效率。因而，加强绩效预算，进一步提高财政资金使用效益，是贯彻落实党中央、全国人大、国务院决策部署的重要举措，意义重大。

（一）加强绩效预算是顺应世界预算改革潮流的需要

20 世纪 80 年代以来，美国、英国、德国、澳大利亚等十几个国家均先后开始了绩效预算方面的实际探索，从而形成了世界性的实行绩效预算的新一轮潮流。绩效预算改革也的确使这些国家在不同程度上获益。中国为与国际接轨，顺应世界潮流，加强绩效预算改革刻不容缓。

（二）加强绩效预算是建设高效、责任、廉洁政府的重要内容

首先，加强绩效预算有利于转变政府职能，提高管理效率。当前，我国行政管理体制还存在一些问题，主要表现在政府职能交叉，权责脱节，公共资源配置效率不高，公共产品和公共服务供给不足，考核体系不健全等方面。① 绩效预算强调政府提供公共服务的质量和成本，关注财政资金的使用效益，其内容实际上已涵盖整个政府管理的范畴。加强绩效预算能极大地促进上述问题的解决。

其次，加强绩效预算有利于增强政府的责任意识，提升公共服务的质量。在以结果为导向的评估中，每年的财政支出要与取得的产出或成效挂钩，上一年的表现会影响下一年的预算安排。"谁支出谁负责"的基本原则，增强了政府的责任意识。强化政府为公众服务的观念，强化对公共资源使用结果的关注，使政府行为变得更加务实、有效，② 这是加强绩效预算的主要目的。

（三）加强绩效预算公开是提高财政透明度的迫切需要③

随着我国法治进程的推进，社会各界对预算信息公开的期望和呼声越来越高。特别是随着财政收支规模的不断扩大，社会各界在要求了解财政资金具体使用方向和内容的同时，也希望能够知晓财政资金的实际产出和使用效益情况。这就迫切需要我们进一步加强绩效预算公开，推进预算支出绩效评价，提高财政资金使用效益，解决

① 廖晓军. 明确目标扎实工作全面推进预算绩效管理［J］. 中国财政，2011（11）：8-12.

② 廖晓军. 明确目标扎实工作全面推进预算绩效管理［J］. 中国财政，2011（11）：8-12.

③ 廖晓军. 明确目标扎实工作全面推进预算绩效管理［J］. 中国财政，2011（11）：8-12.

并回应预算公开后可能面临的一些社会质疑问题。

（四）加强绩效预算有利于公共财政体制的完善①

首先，推进绩效预算工作，在预算管理各个环节融入绩效理念，实现预算编制、执行、监督、绩效评价的有机统一，建立完善的绩效预算机制，必将大力提高财政管理科学化、精细化水平。

其次，通过加强绩效预算，探索和建立科学规范的绩效预算制度，也必将有力地推动公共财政体制全面完善。

二、公共财政绩效预算与反腐败立法创新的可行性路径探析②

我国的绩效预算改革只能借鉴西方国家经验，然后根据我国国情进行改革。具体而言，我国绩效预算改革应从观念树立、改善法制环境、制度创新、绩效评价体系构建等方面入手，全面推行绩效预算改革。

（一）推进绩效预算与反腐败立法的策略

绩效预算是一个庞大的系统工程，技术性强，内容复杂，涉及面广。我国地区发展又很不平衡，地方财政收支规模大小不一，各项财政改革进度不一，实行绩效预算不可能一蹴而就，必须分步分级。

---

① 廖晓军. 明确目标扎实工作全面推进预算绩效管理［J］. 中国财政，2011（11）：8-12.

② 杨雅琴，刘美岑. 绩效预算的国际借鉴及改革路径［J］. 地方财政研究，2013（6）：34-39.

其一，分区域逐步进行。省级、地市级和一些发达地区，应以近几年已开展的财政支出绩效评价所积累的经验为基础，加快建立科学、合理的预算绩效评价体系，进一步提高预算编制的科学化和规范化程度，强化预算约束，逐步健全与社会主义市场经济体制相适应的公共财政反腐败体系。

其二，循序渐进建立起与公共财政相适应的绩效预算管理体系，以提高政府管理效能和财政资金使用效益为核心，以提高部门资金管理效率、合理分配财政资源为着力点，以实现绩效预算为远期目标的绩效预算之路。

其三，注重发挥各方面积极性。绩效预算是一项系统工程，涉及方方面面，要积极争取各级党委、人大、政府以及纪检监察、审计等有关方面的大力支持。部门是预算编制和执行的责任主体，也是提高预算绩效的责任主体。财政部门要牢固树立廉洁意识，加强组织指导和沟通协调，与部门和预算单位一起共同推进绩效预算与反腐败立法，形成工作合力。

（二）树立绩效预算观念

要推进绩效预算，必须强化责任意识和效率意识。公共财政资金是纳税人缴纳的资金，不仅要让人民知道政府花了多少钱，办了什么事，还要让人民知道政府花钱的效益；不仅要让人民知道花钱的效益，还要让人民满意政府花钱的效果。这样才能真正实现绩效理念，达到加强绩效预算的目的。

要以理论研讨、业务培训等多种方式，让绩效预算理念深入人心，形成讲绩效、重绩效、用绩效的良好社会风气。

树立绩效预算的理念，就要把绩效理念、绩效要求贯穿到财政管理的各个环节和财政工作的方方面面，使之与预算编制、预算执行、预算监督一起成为预算管理的有机组成部分，使财政资金处于全过程监控之下，让预算部门从“要钱难”向“花钱难”转变。绩效预算要求政府部门及其工作人员对项目的执行结果负责，并建立绩效问责机制，促使部门更好履行政府职能，有利于促进政府部门提高公共管理效率，改善决策服务水平，推进责任政府建设。绩效预算通过网络、媒体等多种方式将政府部门、机构的预算信息和绩效信息向社会公布，要求逐步公开绩效评价结果，将资金投入和政府行为的产出及结果联系起来，保障了社会公众的参与权和监督权，有利于透明政府的建设。绩效预算强调“花钱更少、办事更多、办事更好”的理念，与当前中央提倡的厉行节约、反对铺张浪费的有关精神以及社会公众的期盼不谋而合。①

（三）完善绩效预算评价指标体系②

必须科学地设计和完善绩效预算评价指标体系。

绩效预算评价指标体系应由绩效评价的主体、对象、目标、指标、标准、程度、报告、结果运用等多方面组成。

1. 评价主体

由财政部统一领导展开绩效评价，由各预算部门具体负责实施。一旦条件成熟，绩效预算评价主体应过渡到各级人大、审计部门、政府预算主管部门以及社会中介机构进行内部、外部并行的绩效评价。

2. 评价对象

根据外国的实践经验，最能反映该部门的公共管理质量及水平、预算绩效水平的，应该是对部门整体预算执行结果进行绩效考核。根据我国实际，可以首先从国家重点、重大项目开始试点进行项目预算绩效考评，待积累一定绩效考评的经验后再逐步扩大，将整个部门预

① 夏先德. 预算绩效管理要抓住六大关键点［J］. 中国财政，2013（7）：38-40.

② 夏先德. 预算绩效管理要抓住六大关键点［J］. 中国财政，2013（7）：38-40.

算的绩效纳入考评范围。

3. 绩效目标

应根据部门中长期发展规划及中长期预算制定部门预算绩效目标。部门绩效目标应具备可量化处理的特点，使之能在一定标准之下进行考核。

4. 绩效指标

一是与部门绩效目标具有较高的相关性，即选定的部门绩效目标与绩效考核指标有直接联系；二是可比性，即相类似的工作、项目的绩效目标量化后的绩效指标能够进行比较；三是重要性，各指标在综合评价中所占比重应根据各指标的重要程度不同进行先后排序，选择最具代表性的指标；四是经济可用性，即选择的指标应该具备数据可得、可操作、可实现等基本条件。

5. 绩效评估结果的运用

首先，预算部门绩效评价结果应由专门的分析研究机构进行分析，及时发现其中存在的问题，并提出整改意见，以便有针对性地加以解决。其次，绩效评价主体应根据预算部门绩效水平对预算部门未来年度预算编制进行有条件的奖励或处罚，以激励预算部门进行管理改革，提升预算管理水平和绩效水平。最后，应及时公布绩效评价结果，以便于社会公众对政府预算部门进行监督。

（四）构建全过程绩效预算机制

绩效预算是一个由绩效目标管理、绩效运行跟踪监控管理、绩效评价实施管理、绩效评价结果反馈和应用管理共同组成的综合系统。预算绩效目标管理是全过程绩效预算的基础。预算绩效评价结果应用是全过程绩效预算的落脚点。应扩大重点绩效评价结果向社会公开和向同级政府报告的范围，强化社会监督，实行绩效问责，促进绩效预算发挥实效。[①]

预算绩效监督是全过程绩效预算的保障。充分发挥绩效监督的作用，建立财政监督检查结果与预算安排紧密衔接工作机制，强化对所有财政性资金和运行全过程的绩效监督。

（五）推进绩效预算配套支持体系建设

1. 建立绩效报告机制、反馈整改机制和绩效评价结果与预算安排相结合的机制

绩效评价结果不好的，原则上调减预算或不予安排预算。

2. 建立绩效信息公开机制

加强绩效信息发布管理制度建设，完善绩效信息公开机制，逐步扩大绩效目标、绩效报告、评价结果等信息在本部门内部的公开范围。努力扩大向社会公开绩效信息的范围，主动接受社会监督。

3. 强化激励约束机制

奖励预算绩效良好的部门，允许他们将年度预算节约剩余的财政资金自行结转到下一年度使用。而绩效不良的部门，将面临预算管理部门对其预算资金编制的干预或缩减的处罚。

4. 建立财政预算风险基金

我们可以从挪威石油基金的成功运作中获得灵感，以此为参照，在适当的条件下，探索建立财政预算风险基金，不断提高政府应对突发重大事件的能力，切实保障经济社会和谐可持续发展。

5. 建立专家库、中介机构库和监督指导库

建立完善中央、省两级涵盖不同领域、不同行业、不同专业的评估专家库，实行动态管理。建立中央、省、市三级符合评估工作需要的社会中介机构库，加强考核和监督。充分发挥投资评审等机构的作

① 夏先德. 预算绩效管理要抓住六大关键点［J］. 中国财政，2013（7）：38-40.

用，积极借助专家、群众代表等社会力量参与绩效预算。

6. 加大干部培训力度，创新培训机制

不断提高财政财务干部加强评估的思想认识和业务能力，进一步改进工作方式，提升工作效率。

7. 加大宣传力度

充分利用电视广播、报纸杂志、网络平台等各类媒体，广泛宣传绩效预算的成功经验和典型做法。扩大绩效预算的社会影响，有效引导社会各界主动了解绩效预算、支持绩效预算、监督绩效结果应用，共同营造“讲绩效、重绩效、用绩效”的良好社会氛围。

（六）国际立法经验借鉴

国外的绩效预算实践告诉我们：法律监管是绩效预算的保障。[①]唯有立法才能保障公共财政绩效预算改革的行稳致远。

在国外的绩效预算实践中，大部分国家都构建了绩效预算法律保障体系，[②] 其大体可分为三类：第一类法律主要规定了绩效预算监管的主体责任和职能，为绩效预算审查和监管提供法律支持。例如，20 世纪 90 年代的《政府绩效和结果法案》是美国在绩效预算方面的基础法案，标志着美国绩效预算的正式实施。[③] 新西兰的《公共财政法案》提出以产出为核心的预算管理，实行预算拨款直接与部门产出相关联，使得政府能更好地控制资源和成本。2001 年法国颁布的新《财政组织法》涉及公共管理支出的所有领域，制定了新的三级预算框架。第二类法律是绩效预算监管的基础法律，使各部门各司其

① 张依群，王泽彩. 政府绩效预算监管的国际经验及启示［J］. 经济纵横，2022（5）：110-118.

② 杨志安，邱国庆，郭矜. 全面实施预算绩效的实践考察、国外经验及实现路径［J］. 财政监督，2019（9）：48-53.

③ 鲁清仿，王全印，赵光辉. 美国联邦政府预算绩效管理及其对中国的启示［J］. 中国软科学，2019（12）：161-169.

职，形成全过程的预算监督。例如，美国在《政府绩效和结果法案》后又配套发布了《联邦绩效检察法案》，通过法律监督来限制政府绩效目标成效。新西兰通过颁布《财政责任法案》，提出一系列的财政管理和绩效报告规范的原则，阐明为结果而管理的绩效预算监管模式。第三类法律主要规定公开事项，使绩效预算从制定、执行到决算都能实现依法公开，从而方便引入第三方监督和群众监督，保障绩效预算目标能体现民众意志。例如，英国的《财政稳定法典》要求对绩效预算相关信息进行公开，并且规定了民众对于这些信息具有监督权。加拿大分级制定了不同的法律，联邦层面制定了《联邦责任法案》和《财政管理法案》，地方层面如不列颠哥伦比亚省制定了《预算透明度和问责法案》，安大略省制定了《财政透明度和问责法案》，从而强化绩效预算公开力度。①

三、关于制定公共财政绩效预算与反腐败立法的思考②

2022 年，党的二十大报告明确指出，要“健全现代预算制度”。

当前，预算绩效管理已成为国家治理现代化的重要机制，因为其符合国家治理现代化的基本取向和运行方式，发挥着推进国家治理

① 郑国栋. 浅谈加拿大地方政府的预算公开［J］. 楚雄师范学院学报，2016，31（1）：98-103.

② “从长远看，绩效预算是中国预算绩效管理发展努力的方向。《关于全面实施预算绩效管理的意见》的发布对中国绩效预算改革的深入推进具有划时代意义。但这一顶层设计所提出的预算与绩效管理一体化并不是完全意义上的绩效预算，或更准确地应被定义为绩效化预算。预算与绩效管理一体化的绩效化预算具备了绩效预算的特征。根据我国预算管理和财政管理体制改革的实际，结合发达国家的典型经验，一个完整的绩效预算框架体系应包括以下内容：制定政府战略规划，拟定年度绩效计划、编制绩效预算、签订绩效合同、进行绩效报告、开展绩效评价或绩效审计、反馈和使用绩效信息。而现阶段中国预算制度改革很难满足上述绩效预算依赖的一系列苛刻条件。”参见包国宪，张蕊. 从“预算绩效”到“绩效预算”：我国预算绩效评价回顾与展望［J］. 兰州大学学报（社会科学版）2019，47（5）：52-60.

现代化的关键点和突破口作用。在此背景下，制定公共财政绩效预算与反腐败法，具有一定的必要性和紧迫性。

（一）立法的法理基础[①]

首先，优化预算治理功能。2014 年与 2018 年修订的《预算法》，从总则到预算管理和执行监督各环节都强调了绩效原则，已经赋予了其在财政预算管理和资源配置中的重要使命。[②] 为避免该原则的虚化，在《预算法实施条例》中，对政府部门的绩效管理职责、目标设定、评价、结果应用等提出了相应要求，但法规的功能还需要从预算管理和宏观调控转向最大化满足社会公共需要，内容上也要更注重强调绩效的价值目标，表达具体内涵。这就需要一部系统完善的专门法律将“讲求绩效”的原则落到实处。

其次，统一法治价值目标的必要。如果公共财政绩效预算与反腐败法与《中华人民共和国预算法》《审计法》形成对称的上位体例结构，共同发力，将充分体现依法理财的严肃性，更能够为财政预算部门在不逾越“红线”的前提下积极作为提供法律的权威保障。

（二）提升立法层级

从 2003 年党的十六届三中全会提出建立“预算绩效评价体系”以来，中央和地方陆续出台了一系列相关法律法规和制度规范，推动绩效预算向前发展。2014 年修订的《预算法》首次将绩效预算写入

① 钟玮. 预算绩效法治化推进：分析与建议［J］. 财政科学，2021（9）：116-121+128.

② 《预算法》1994 年 3 月 22 日第八届全国人民代表大会第二次会议通过，2018 年 12 月 29 日第十三届全国人民代表大会常务委员会第七次会议《关于修改〈中华人民共和国产品质量法〉等五部法律的决定》第二次修正，修订内容只有一处：将第八十八条中的“监督检查本级各部门及其所属各单位预算的编制、执行”修改为“监督本级各部门及其所属各单位预算管理有关工作”。

法律，“讲求绩效”成为各级预算编制遵循的原则，其他的规范性文件多以财政部出台的规章制度来细化，增强绩效预算的可操作性。由于法律层级的局限性，绩效预算的运行中缺少立法机关的参与，成为行政机关内部的预算活动，或者说绩效预算权力的分配中立法权是缺位的，绩效和预算各行其是，绩效理念难以融入预算的编制、执行、审核、监督过程中。

从国外主要国家的经验看，绩效预算改革的推进离不开法律的保驾护航，否则很可能导致停滞不前甚至失败。以美国为例，20 世纪 50 年代发起的绩效预算改革最终搁浅，与缺乏立法机构的支持有很大关系。20 世纪 90 年代，美国、新西兰等国开展了新一轮的绩效预算改革，并且颁布相关法案进行规范。如美国 1993 年制定了《政府绩效和结果法案》（2010 年颁布了修正案），是世界上第一部关于政府绩效管理的法案，新西兰在 1988 年和 1989 年分别颁布了《国家部门法案》和《公共财政法案》，在 1994 年又颁布了《财政责任法案》，成为绩效预算改革中有代表性的国家。法国于 2001 年颁布新《财政组织法》，提出结果导向的绩效预算模式。实证研究的结论表明，实行绩效预算的国家每年的人均财政支出至少减少两个百分点，债务水平较低，GDP 增长率较高。① 长远看，我国应当提升绩效预算立法的层级，将实践中成熟的做法和经验上升为法律，具体的立法模式是制定专门性法律，协调好与《预算法》的关系，共同规范绩效预算与反腐败，克服当前绩效预算存在的形式大于实质的问题。②

① CRAIN W M, O'ROARK J B. The impact of performance-based budgeting on state fiscal performance [J]. Economics of Governance, 2004, 5 (2): 167-186.

② 王彩霞. 财政公共支出法律控制研究 [D]. 重庆：西南政法大学，2019.

（三）顶层设计

1. 制度顶层设计

在中央层面上，由全国人民代表大会审议并颁布公共财政绩效预算与反腐败法，统筹全国政府预算绩效管理工作，推动中央政府和地方政府的相关制度规范建设。横向上，政府预算绩效各个评价主体的职能和分工要明确。各个部门、单位、机构和人员各司其职，内部和外部评价相结合，形成统一的年度或专项绩效评价报告递交各级人民代表大会及其常务委员会，对外公开透明，提高公众满意度和可信度。①

纵向上，根据公共财政绩效预算与反腐败法的立法原则，国务院应出台公共财政绩效预算与反腐败实施条例，赋予财政部和部门单位开展预算绩效的权利和义务。财政部制定具体的公共财政绩效预算与反腐败实施操作细则，中央各部门、各单位结合自身业务和管理特点研究实施机制，再制定本部门或项目等具体办法。其中，财政部起着至关的衔接作用，应成立专门的绩效预算与反腐败司，承担相应职能。②

在地方层面上，通过多年的试点，各地方政府在实施的过程中受到局部利益方的阻力，推行进度和实施效果不均衡，产生了各种矛盾。这都需要顶层制度设计克服局限，按照中央层面的做法相应地建立起地方政府的制度层次体系，保证上下级制度一致。中央层面制度为预算绩效管理运行提供一个制度框架和基础，地方政府要深刻领会立法精神和对工作的具体要求，相应地在本级人大、政府、财政部

① 王莉莉. 中国政府预算绩效管理制度优化与国际经验借鉴研究［D］. 保定：河北大学，2019.

② 王莉莉. 中国政府预算绩效管理制度优化与国际经验借鉴研究［D］. 保定：河北大学，2019.

门以及各预算执行单位部门进行制度设计，与中央层面保持一致。现阶段，继续完善现行《预算法》中关于绩效融合预算各阶段的条文规定，当绩效理念和方法成熟地与预算结合之后，再考虑单独出台国家绩效预算法和地方绩效预算法。①

2. 机构顶层设计②

根据国际经验，将目前的财政部预算司、教科文司、行政政法司、农业农村司、社会保障司等机构以及其他部委中具有预算编制职能的部门统一起来，并将预算编制工作从财政部门中独立出来，组建直属于国务院的新型专业化预算管理机构——国家预算管理局，并通过法律授予其集中、明确、有效的预算编制权限，为预算决策提供组织和法律保证。③

为解决组建独立的预算编制机构而导致的人员编制增加问题，可考虑将目前负责收入预算执行的国家税务总局，合并入财政部，将收支预算的执行整合在一个机构框架之内，以加强预算收支间的综合协调与平衡，并适当压缩原税务系统的人员编制，有效降低税收征收成本。同时，将目前税务总局的税收计划部门，合并入新成立的国家预算管理局，专司收入预算的编制预测工作。④

就预算执行层面而言，从精简机构和降低行政成本出发，可以将各级人民银行的国库部门划归财政部门，实现预算执行功能的有机整合。财政部（包括合并进来的国家税务总局的收入预算执行机构）只负责具体收支预算执行和国库业务，并将相应的财政金融宏观调控职能集中于财政部门。财政部可以向国家预算管理局提供建议，但

① 王莉莉. 中国政府预算绩效管理制度优化与国际经验借鉴研究［D］. 保定：河北大学，2019.

② 马蔡琛，李宛姝. 后金融危机时代的政府预算管理变革：基于 OECD 国家的考察［J］. 经济与管理研究，2016，37（6）：105-113.

③ 马蔡琛，李宛姝. 后金融危机时代的政府预算管理变革：基于 OECD 国家的考察［J］. 经济与管理研究，2016，37（6）：115-113.

④ 马蔡琛，王晓雪. 改革预算制度，强化预算管理和监督［M］//陈东琪，宋立，等. 新一轮财政税收体制改革思路. 北京：中国财政经济出版社，2009.

不再具有预算决策权，也不负责具体的预算编制工作。[①]

（四）立法的具体内容[②]

针对我国公共财政绩效预算与反腐败法的制定，建议如下。

1. 明确立法宗旨与框架[③]

（1）宗旨。建设高效、责任、透明政府，提高财政资金使用效益，构建覆盖所有财政性资金的，贯穿预算编制、执行、监督全过程的，具有中国特色的财政评估体制。

（2）框架。公共财政绩效预算与反腐败法是以绩效预算保障党中央重要决策、国家战略规划和部门重大任务推进，发挥预算在国家治理中的支柱作用的基本法律依据。其以专门法的形式确定绩效预算与反腐败的地位、任务和作用，规定绩效预算与反腐败工作的基本准则，既有公共财政监督作用，又有约束和激励职能。从前述国外实践看，没有立法保障就难以获得最优的资源配置效率，行政运行绩效也不会高。因此，公共财政绩效预算与反腐败法以绩效预算与反腐败为重点，将预算编制、执行、调整、平衡、监督、公开等，按照“全方位、全过程、全覆盖”的逻辑进行立法研究。明确主体责任，强化预算绩效评价结果的问责约束。

2. 立法原则

确立预算编制科学完整、预算执行规范有效、预算监督公开透明的立法原则。

一是科学规范原则。绩效评价应当严格执行规定的程序，按照科

① 马蔡琛，李宛姝. 后金融危机时代的政府预算管理变革：基于 OECD 国家的考察［J］. 经济与管理研究，2016，37（6）：105-113.

② 马蔡琛，桂梓椋. 探索预算绩效监督的中国模式：基于国际比较视角［J］. 经济纵横. 2022（1）：102-109.

③ 钟玮. 预算绩效法治化推进：分析与建议［J］. 财政科学，2021（9）：116-121+128.

学可行的要求，采用定量与定性分析相结合的方法。

二是公正公开原则。绩效预算与评估应当符合真实、客观、公正的要求，依法公开并接受监督。

三是分级分类原则。绩效预算与评估由各级财政部门、各预算部门根据评价对象的特点分类组织实施。

3. 绩效预算程序

（1）明确绩效预算全覆盖的对象。全覆盖对象包括使用财政性资金的国家机关、党政组织、事业单位、企业和社会团体组织、武警、公安等部门。管理的范围应涵盖财政支出事前确立绩效预期目标或编制绩效预算，事中和事后实施绩效监控、评价、结果应用、信息公开等管理环节。确立预算绩效管理中相关主体的权利和义务（职责）规范。全国人大及地方人大负责对我国预算绩效的监督工作，主要职责应涵盖：统筹规划、组织协调与指导行政机关预算绩效管理工作，审定并批复行政机关年度预算绩效目标计划，审查和批准行政机关及重大项目、支出政策的绩效报告，等等。财政部及地方财政部门负责预算绩效管理的具体事务。被评价行政机关应确定相关部门负责预算绩效管理具体工作，制定年度绩效目标，报同级财政部门审定批准后实施，并定期报送本单位年度预算绩效评价报告。①

（2）合理界定财政支出的范围，防止政府支出职能的泛化。

（3）建立标准化、科学化的绩效指标和预算支出标准体系。支出标准是预算编制、执行及预算监管的重要依据，只有建立完整的预算支出定额标准体系并以适当方式向社会公开，才能严格控制政府预算支出，保证预算设之有据、行之有效。②

4. 反腐败程序

（1）绩效预算民主。绩效预算民主，指的是在以结果为导向的

---

① 钟玮. 预算绩效法治化推进：分析与建议［J］. 财政科学，2021（9）：116-121+128.

② 钟玮. 预算绩效法治化推进：分析与建议［J］. 财政科学，2021（9）：116-121+128.

预算的编制、审批、执行、批准等整个过程要体现公开的原则，即人民的参与、监督和决定权需要在绩效预算中落实，使预算做到“取之于民、用之于民”。[①]

（2）绩效预算法定。所谓绩效预算法定，指的是以结果为导向的预算的编制、审批、执行、决算和监督等要通过法律程序确立，确保政府的一切收支行为都按法律进行，受法律约束[②]，以规范政府收支行为，防杜腐败机会。

（3）绩效预算公开。除涉及国家安全等特殊事项外，绩效预算信息应向社会公开，接受社会监督。信息公开应遵循及时、准确、全面、具体的原则，在财政预算、公共资源配置、重大建设项目批准和实施、公共服务等领域提出重点要求，公示行政部门的职责权限、法律依据、绩效评价实施机构、评价流程、具体指标、绩效历史数据、监督方式、结果应用等事项，保证公众能够有效获取相关绩效信息。[③] 通过确立有效防治腐败的公共预算刚性约束机制，限缩腐败空间。

（4）绩效预算问责。建立以目标为导向、以成本为衡量、以绩效为核心的预算激励约束模式，提高治理的科学性和精准性。[④]

（5）绩效预算监督。应按预算民主和预算法定原则来监督预算的使用与绩效。预算民主和预算法定这两个原则在本质上是一致的。没有预算民主，政府的收支和使用就不受约束，也就势必不可能按照法定程序分配预算。而没有预算法定，政府的财政收支不遵守基本的法定程序，人民主权就根本无法得以保障和实现。有了这两个原则，

---

① 邓聿文. 预算与国家治理现代化［EB/OL］.（2014－08－28）. https：//www. fx361. com/page/2014/0828/117728. shtml.

② 邓聿文. 预算与国家治理现代化［EB/OL］.（2014－08－28）. https：//www. fx361. com/page/2014/0828/117728. shtml.

③ 钟玮. 预算绩效法治化推进：分析与建议［J］. 财政科学，2021（9）：116-121+128.

④ 钟玮. 预算绩效法治化推进：分析与建议［J］. 财政科学，2021（9）：116-121+128.

才能让政府按公众意愿和要求去执政和行政。① 故此，应规定各级人民代表大会及其常务委员会对财政绩效进行监督。各级财政机关财政绩效的责任主体则是部门和单位。通过构建刚性监督机制，严控公共资金，遏制腐败行为。

统一上述绩效预算民主、绩效预算法定、绩效预算公开、绩效预算问责、绩效预算监督等五方面制度的唯有立法机关——人大。各级政府的预算编制活动应由人大决策和控制，政府财政部门只是负责具体的编制事务，并且在编制过程中还要随时受到人大的监督。在预算执行的过程中，更要受到人大严格的监督，如果预算要变更、调整，必须得到人大的同意。上述过程也是对预算法定原则的贯彻。② 所以，如果人大真实拥有编制和监督预算的权力，就可从根本上保障人民群众的利益分配权，并使人大本身的权威性得到强化。③

5. 法律责任

完善的绩效预算违法责任追究机制是绩效预算主体尽责履职的重要督促机制，也是预算目标和效果实现的重要保障。因而需确定对违反绩效预算的行为责任主体和实施主体进行的处罚和追究的责任。

总之，该法应对绩效、绩效预算等基本概念进行明确。同时，对政府预算、财政收支活动的绩效考评及管理进行规定，具体包括对实施绩效考评的目标、主体、对象、程序、报告制度、管理机构、管理责任等内容，以及相关违约及违约责任人的处理进行法律规定与解释。

① 邓聿文. 预算与国家治理现代化［EB/OL］.（2014－08－28）. https：//www. fx361. com/page/2014/0828/117728. shtml.

② 邓聿文. 预算与国家治理现代化［EB/OL］.（2014－08－28）. https：//www. fx361. com/page/2014/0828/117728. shtml.

③ 邓聿文. 预算与国家治理现代化［EB/OL］.（2014－08－28）. https：//www. fx361. com/page/2014/0828/117728. shtml.

（五）与立法相关的问题

立法是一项系统工程，既要巩固和突出全面实施预算绩效管理与反腐败所取得的成果，适应财政改革需要，也要考虑和《中华人民共和国预算法》《中华人民共和国审计法》等法律法规的协调与衔接；既要发挥顶层设计的作用，也要不断在实践中总结提炼；既要善于汲取国外绩效立法的经验，也要充分结合我国国情，做好前期基础性工作，以期产生真正可持续的财政成果。① 因而要制定公共财政绩效预算与反腐败法，进一步明确功能定位和权利责任，并在法律框架内夯实稳固的预算制度基础，促进国家治理体系和治理能力现代化。

1. 做好部门规章的立、改、废、释

初步统计，2002 年以来，财政部颁布的仍在生效的绩效管理专门文件已有数十项，在资金、资产、政府采购等事项中涉及绩效内容的，以及其他中央部门及地方出台的关于绩效管理的实施意见、具体办法和操作规程等数量更多。要对不符合绩效理念和转变政府职能的烦冗要求坚决纠正，以科学的法律条款加以统领，为形成统一专门法和权威的范式体系奠定基础。②

2. 其他法律条文的修改

由于绩效预算现时还涉及会计制度、审计制度等其他相关内容，也需要对《中华人民共和国审计法》《中华人民共和国会计法》等相关法规进行配套修订，使之能适应政府绩效预算改革的需要。要形成全国上下一盘棋，也有利于各省市间相互比较和借鉴。

如，预算绩效审计不仅从形式上规范了预算行为，更以实质性标准约束了预算权利，免于法治化发展陷入形式主义之窠臼。因此应尽

① 钟玮．预算绩效法治化推进：分析与建议［J］．财政科学，2021（9）：116-121+128.
② 钟玮．预算绩效法治化推进：分析与建议［J］．财政科学，2021（9）：116-121+128.

快修订《中华人民共和国审计法》，明确预算绩效审计监督的法律地位、审计职责和审计作用，对审计主体、客体、程序进行规定，补充预算绩效审计监督的质量控制与责任认定等问题。此外，应同步修订《中华人民共和国审计法实施条例》，明确预算绩效审计的标准、实施范围与操作流程等内容。审计署可与预算绩效审计工作较为成熟的部门或单位联合制定与颁布有关预算绩效审计监督的准则和操作指南。[①]

总之，公共财政绩效预算与反腐败法的制定是一个系统工程，需要做好立法规划，需要做好顶层设计，也需要考虑制定配套实施细则。可先组织专家、学者起草建议稿，然后组织专班调查、实地调查、开门立法，使公共财政绩效预算与反腐败法草案日臻完善。

① 孙雯. 国家治理视阈下预算绩效监督法治化研究［D］. 杭州：浙江工商大学，2023.

第十七章　推进中国公共财政反腐败立法研究

财政在国家治理中发挥着基础性、支柱性与保障性作用，是经济社会发展和民生改善的坚实保障。全面建设社会主义现代化国家，以中国式现代化推进中华民族伟大复兴，必须全面推进财税法治建设，充分发挥财税法治固根本、稳预期、利长远的保障作用。

公共财政领域的贪污腐败，不仅严重损害了政府形象，也对社会经济的正常发展产生了恶劣影响。从各国财政反腐的经验来看，多措并举是基本思路，法律制度的建设居于主体地位。历经多年的法治建设，我国已经形成了较为完备的财政反腐法律制度，相关的法律条文散见于《中华人民共和国刑法》《中华人民共和国监察法》《中华人民共和国税收征收管理法》和《中华人民共和国预算法》等法律中。但从反腐成效来看，财政反腐无论在立法中，还是在执行中，均存在着不足。因此，完善财政反腐法律制度就成为当前反腐败工作的重要任务之一。

一、公共财政反腐的内在机理

从公财私用的视角透视腐败，为制定有效的反腐机制提供了新的思路。

十八届四中全会通过的《中共中央关于全面推进依法治国若干重大问题的决定》明确提出，加强对政府内部权力制约，重点强调对财政资金分配使用、国有资产监管、政府投资、政府采购、公共资源转让、公共工程建设等事项的内部程序控制，而这些无一不涉及依托法治规范政府分钱花钱的行为。可以说，推进国家治理体系和治理能力的现代化，离不开国家治理的法治化，而公共财政反腐无疑是实现国家治理法治化的依托和突破口。

公共财政反腐基于对公共财产管理的民主控制与程序规范，可从源头上切断官员将公共资金挪为私用的渠道，无疑会对防治腐败起到釜底抽薪之效。一方面，腐败的主要对象是公共资金，而财政反腐可直接遏制财税领域的腐败。另一方面，财政反腐贯穿于公共财产取得、支配及权属厘定的整个流程，能实现对公共财产权的有效控制。在公共财产支配层面，依托法治构建阳光预算，可以知道政府要筹多少钱，花在哪些地方，筹钱、花钱的过程一旦透明化，原本看不见的政府变成了可控的政府。① 在公共财产权属厘定层面，政府间收支、权责划分的过程及程序紧密围绕法治性和公共性以凸显其建设性和民生性，并在此基础上确立事权及其财力保障。②

二、现有公共财政反腐败法律制度概述

（一）国外财政反腐的经验枚举

从国外财政反腐的立法实践来看，有效的举措主要有以下几方面。

一是通过绩效预算立法，确保政府收支合法，预算公开，压缩了

① 寇铁军，胡望舒. 财税法制建设与反腐败成效：基于中国省域面板数据的研究［J］. 财政研究，2016（11）：19-30.

② 刘剑文. 论国家治理的财税法基石［J］. 中国高教社会科学，2014（3）：145-156+160.

寻租空间，源头反腐很有成效。①

二是财产信息公开。不少国家除了对公职人员私人财产的申报与公开进行立法，也规定公共财产必须公开。公共财产取之于民，如何依法支出，理应公开，如法国的《政治家生活资金透明度法》和《公共生活透明法》等。

三是财政信息公开。财政信息公开是保障有效监督权力的前提。不少国家均出台了和财政透明有关的法律，如美国的《基本利益冲突法》，该法赋予了美国证券交易委员会对上市公司与政府财政人员勾结案件的调查权力，类似的法律还有法国的《预防腐败和经济生活与公共程序透明法》。②

四是财政监督法定。主要针对财政合法性进行监控、检查、稽核、督促及反馈。财政监督分内部行政监督和外部监督，其中立法机关是外部监督的重要主体，如瑞典议会设有财政政策委员会，全面负责政府财政监督工作。③

（二）我国财政反腐相关法律及规定枚举

目前，我国关于财政反腐的立法，散见于相关的财税法律法规中。

按照《中华人民共和国立法法》确定的法律位阶，可将与财政反腐相关的法律规范按效力层级和制定主体不同分为五个类别。第一类为全国人大及其常委会制定的法律，包含《中华人民共和国监察法》《中华人民共和国预算法》《中华人民共和国审计法》《中华

① 参见本书第二编各章的实证研究。

② 陈美，郑伟．法国反腐败开放数据的保障机制研究［J］．情报杂志，2019，38（1）：155-161.

③ 吴应甲，赵艳艳．论我国财政反腐法律制度的立法现状和完善对策［J］．唐山师范学院学报，2022，44（1）：123-127.

人民共和国政府采购法》等直接涉及财政行为的法律，以及《中华人民共和国行政处罚法》《中华人民共和国公务员法》等涉及处罚处分基础性规定和程序性规定的法律；第二类为国务院制定的行政法规，主要有《财政违法行为处罚处分条例》《中华人民共和国预算法实施条例》《中华人民共和国政府采购法实施条例》《中华人民共和国审计法实施条例》等；第三类主要是国务院部委制定的部门规章，包括《政府采购货物和服务招标投标管理办法》《金融企业财务规则》《财政票据管理办法》等；第四类是各省、直辖市、自治区人大制定的地方性法规，如《湖北省行政事业单位国有资产监督管理条例》；第五类主要是财政部制定的行政规范性文件，此类规范数量巨大，如《财政部门证据先行登记保存办法》《财政检查工作办法》等。[①]

试枚举几例如下：《预算法》中与财政反腐有关的条文集中在第六章“预算执行”中。[②]《税收征收管理法》第七十七条第二款、第八十一条为预防税收领域的财政腐败提供了法律保障，成为财政反腐法律制度的重要内容。[③]《刑法》中与财政反腐有关的法律条文较

① 李梦恂. 对修订《财政违法行为处罚处分条例》的相关思考与建议［J］. 财政监督，2022（6）：74-77.

② 《预算法》第五十四条对预算草案批准前可安排的支出做了详细的规定，包括：（一）上一年结转的支出；（二）参照上一年同期的预算支出数额安排必须支付的本年度部门基本支出、项目支出，以及对下级政府的转移性支出；（三）法律规定必须履行支付义务的支出，以及用于自然灾害等突发事件处理的支出。换言之，不符合法律规定可安排支出的事项，就存在财政腐败的可能。第五十五条对预算收入征收部门的工作做了规定，明确要求预算收入征收部门和单位，必须依照法律、行政法规的规定，及时、足额征收应征的预算收入。第五十六条规定政府的全部收入应当上缴国家金库，任何部门、单位和个人不得截留、占用、挪用或者拖欠。

③ 《税收征收管理法》第七十七条第二款规定税务人员徇私舞弊，对依法应当移交司法机关追究刑事责任的不移交，情节严重的，依法追究刑事责任。第八十一条规定税务人员利用职务上的便利，收受或者索取纳税人、扣缴义务人财物或者谋取其他不正当利益，构成犯罪的，依法追究刑事责任；尚不构成犯罪的，依法给予行政处分。

多，主要有：第三百八十四条、第三百九十七条、第四百零四条。[①]

三、现有公共财政立法存在的问题[②]

公共财政立法是依法治国的一个重要组成部分，目前，我国已根据宪法制定了一些财政法律，但从总体上来看，公共财政立法还不够完善和不成体系，主要存在如下几方面问题。

（一）财政立法尚未覆盖全部财政资金

我国目前财政立法中涉及的财政资金包含一般公共资金、专项政府性资金、社会保险资金和政府集中的国有资本经营性资金。这四本账并未包含所有的财政资金，未包含在四本账里的财政资金主要有：财政专户存储收支所形成的资金、未纳入政府性基金预算的各种政府管理的基金和未集中的具有经营性用途的资金。这些资金目前不在法定的财政报告体系中，而规模相当大。

① 《刑法》第三百八十四条规定国家工作人员利用职务上的便利，挪用公款归个人使用，进行非法活动的，或者挪用公款数额较大、进行营利活动的，或者挪用公款数额较大、超过三个月未还的，是挪用公款罪，处五年以下有期徒刑或者拘役；情节严重的，处五年以上有期徒刑。挪用公款数额巨大不退还的，处十年以上有期徒刑或者无期徒刑。挪用用于救灾、抢险、防汛、优抚、扶贫、移民、救济款物归个人使用的，从重处罚。第三百九十七条第一款规定国家机关工作人员滥用职权或者玩忽职守，致使公共财产、国家和人民利益遭受重大损失的，处三年以下有期徒刑或者拘役；情节特别严重的，处三年以上七年以下有期徒刑。第四百零四条规定税务机关的工作人员徇私舞弊，不征或者少征应征税款，致使国家税收遭受重大损失的，处五年以下有期徒刑或者拘役；造成特别重大损失的，处五年以上有期徒刑。

② 范思立. 健全财政立法是法治政府建设当务之急［N］. 中国经济时报，2018-03-12（003）.

（二）财政立法仅涉及收支而未涉及资产处置

我国目前的财政立法仅局限于财政资金的流量方面。我国现有的税法是针对收入的，《预算法》则针对支出。对于财政资金存量方面的资产处置权，我国财政法律从未涉及，现状是资产处置完全由行政部门或相关管理机构决定。由于资产的处置，包括用途的变更、置换、转让、重组对资产的性质和价值会产生很大的影响，因此它必定是健全的财政管理的重要一环，在法律上需要明确权限的划分。

（三）我国现有的公共财政立法尚存反腐败等空白

从收入方面来说，税收法定在我国法律上已经明确。但除了税收之外的其他收入方式，例如行政事业收费、基金收费、专项收费、社会保险缴款以及一些公共事业的政府定价目前在法定范围之外。从支出方面来看，我国的《预算法》将一般公共支出、政府性基金支出纳入了人大审批的范围，但对社会保险以及经营性支出的权限上尚无相应的约束性法律，目前由行政部门全权决定。财政资金由于它的公共性质，其筹集、分配、使用、支付、处置应符合社会公众的要求和愿望，这种要求和愿望需要通过法定的程序才能有效地表达。

财政立法是国际上通行的做法。国际上许多国家对财政重大问题是通过《宪法》或制定财政法律法规作出规定的。在财政立法方面，有许多成熟的国际经验可供我国借鉴。

公共财政领域反腐败立法缺失，是公共财政领域腐败乱象蔓延的主因。故此，推进公共财政领域的反腐败立法刻不容缓。

四、推进我国公共财政反腐败立法的对策

（一）推进公共财政反腐败立法的重要性

腐败问题源于公共财产界定的不明确，同时公权力代理使用公共财产时缺乏有效监督。

推进公共财政反腐败立法是目前我国反腐倡廉的有效和可行的途径。公共财政反腐败法是可以管理国家“钱袋子”的法律，可以通过管住“钱”来管住政府的“人”和“事”，形成“不能腐”的制度网格,[①] 形成“公财”与“私用”之间的制度隔离，从源头上遏制腐败。[②]

推进公共财政反腐败立法，既能规范、监督公权在公共财政领域的有序运行，又能遏制、压缩公职人员在财政活动中的寻租空间，使财政收支合规、公开，财政监管法定、到位。

推进公共财政反腐败立法，能助推财政法定的实现。财政法定原则，其要求是财政领域的基本事项应由立法机关通过法定程序制定的法律加以规定。[③]

推进公共财政反腐败立法，能助推财政民主的实现。财政民主原则是指政府依法按照民众意愿，通过民主程序，运用民主方式来管理公共财产。财税民主要求赋予人民对财税事项广泛的监督权。财政支出民主和财政预算民主是财政民主的应有之意。首先应当表现为经

① 陈立诚，刘剑文. 财税制度反腐：一种源头治理的新进路［J］. 政治学研究，2015（1）：59-70.

② 寇铁军，胡望舒. 财税法制建设与反腐败成效：基于中国省域面板数据的研究［J］. 财政研究，2016（11）：19-30.

③ 刘剑文. 论财政法定原则：一种权力法治化的现代探索［J］. 法学家. 2014（4）：19-32+176-177.

过人民和政府的充分博弈达成财政支出的决策，其次重视预算过程，注重民意表达和监督。[①]

推进公共财政反腐败立法，能助推财政公平的实现。财政公平原则包含着制度对正义的价值追求，在制度上主要体现为一种平等。财税公平的实质为在践行中贯彻税捐公平原则。财政分配应符合一国社会绝大多数成员认可的正义观念。第一，支出的范围法定化；第二，支出标准的科学统一；第三，财政转移支付中的地区均衡和财政公平；第四，财务制度执行状况要能实现财政公平。[②]

（二）设立国家预算与管理局

预算与管理局是许多国家财政反腐的重要机构。美国 1921 年设立预算局，1970 年更名为管理与预算办公室，主要负责协助总统编制和审核国家预算。管理与预算办公室能够统一预算管理，减少预算领域的腐败现象。

我国可以参考财政反腐的国际经验，设置由国务院领导的国家预算与管理局。国家预算与管理局的下设机构主要有预算审查部门、立法参考部门、资源审查核算综合部门等。从系统性预防财政腐败的角度来看，国家预算与管理局的职能主要有以下几点：第一，从国民经济发展的总体态势以及财政综合运行的实际情况出发，向财政部以及全国人大提交制定及审批财政预算的基础数据、法律依据。第二，做好财政预算执行情况的审核及监察工作，建立健全各级政府财政预算执行情况的审核、监察机制，查找财政预算执行中存在的问题，深入分析财政预算执行中问题的成因，从源头上降低财政腐败发生的风险。第三，编制财政预算监察及审核意见报告书，提交给人民

---

① 王文婷. 以财税法治推进反腐常态化［J］. 社会科学文摘，2015（3）：33-35.

② 王文婷. 以财税法治推进反腐常态化［J］. 社会科学文摘，2015（3）：33-35.

代表大会，为人民代表大会依法开展财政监督提供资料。[①] 第四，组织专人审查国家财政支出拨款项目的使用情况，确保财政拨款使用方的会计和预算准则与国家法令方针一致。国家预算与管理局的设置能够壮大财政反腐的力量，使财政反腐具有统一、高效的领导机构，从而切实提升财政反腐的力度与财政廉洁的水平。[②]

（三）施行国家财政财务监督员制度

设置财政财务监督员，不仅在规范财政管理中发挥着重要作用，而且在凸显人大监督职能，充分发挥好人大监督作用中也有着巨大的意义。从世界范围内看，不少国家在议会内设置了监督专员，最为典型的便是北欧的瑞典。监督专员主要负责政府部门工作人员以及其他国家机关工作人员的监督工作，充分体现了议会的监督职能。我国的人民代表大会虽然与议会有着本质上的区别，但议会内的监督专员制度对人大监督权的改革与完善同样具有重要的参考作用。人大可以增设财政财务监督员，财政财务监督员由首席财政财务监督员和一般财政财务监督员构成，专门负责人大财政监督权的行使。与普通人大代表相比，财政财务监督员的工作更具专门性，监督权限也高于普通人大代表。财政财务监督员的主要工作为处理人民举报，对来信来访的监督线索进行调查监督。财政财务监督员可以通过列席有关会议、在线联网监督等方式，[③] 不定期对行政机关开展巡查，推动政府监督从原先的被动监督向主动监督转变，强化人大的政府监督效果。财政财务监督员自身职业能力建设是财政财务监督员制度

① 冯利萍. 我国人大财政预算监督的不足与完善［J］. 福建质量管理，2019，40（1）：79.

② 吴应甲，赵艳艳. 论我国财政反腐法律制度的立法现状和完善对策［J］. 唐山师范学院学报，2022，44（1）：123-127.

③ 唐益生. 地方人大预算在线联网监督工作的实践与探索［J］. 人大研究，2020（1）：28-30.

的重点内容，对新当选的财政财务监督员要开展专门培训工作，围绕财政监督进行法制培训、调查能力培训、议案写作培训，提高财政财务监督员的履职能力，使财政财务监督员向专业化的方向发展。[①]

财政财务监督员与监察官在职责职能的设置等方面有很大的不同，在公共财政领域反腐败方面，前者代表人大履行监督职能，后者代表监委履行对公职人员职务违法、职务犯罪的调查（权）。应该说，在公共财政领域，财政财务监督员行使监督权更专业，所以财政财务监督员岗位与队伍不可或缺。

（四）制定公共财政反腐败法的思考

法治理财、廉洁理财，是我国作为社会主义国家的本质要求，而加强公共财政反腐败立法是法治理财、廉洁理财的应有之义。在法治中国建设的宏大背景之下，公共财政反腐败立法以规范政府财政收支、管理为主线，规范公权力的运行，可从源头实现腐败的治理。[②]

目前，我国尚未出台专门的财政法，财政管理的法治化水平总体不高，同时，财政领域也缺乏一部专门的反腐败法。由于制定财政法要考虑的因素太多，立法的时机尚未成熟，因此，先行制定公共财政反腐败法，以法律的形式保障财政反腐的深入实施，就成为当前的紧迫任务。

公共财政反腐败法是调整国家财政收支领域反腐败法律关系的总称。其内容包含：总论、政府财政政策公开、公共财产公开、利益冲突、公共财政民主、公共财政问责、公共财政审计、公共财政监督、腐败定罪与量刑、法律责任等。

① 吴应甲，赵艳艳. 论我国财政反腐法律制度的立法现状和完善对策［J］. 唐山师范学院学报，2022，44（1）：123-127.

② 王文婷. 财税治腐的路径证成：兼论财税治腐的功能变革［J］. 北京行政学院学报，2020（1）：103-112.

在立法中，着力推动如下几方面的工作。

第一，凸显人民代表大会在财政监督中的主体作用。人民代表大会制度作为我国的根本政治制度，也是人民当家做主的主要途径和最高实现形式。公共财政反腐败法要协同既有法规，凸显人民代表大会在财政监督体系中的主体作用。[①]

第二，优化人民代表大会财政监督的形式。人大需要逐步扩大公众的政治参与，做好政府监督事项、程序、结果等的公开工作，自觉接受人民群众的监督检查；创新人大监督的形式，发挥好网络媒体在人大监督公开化中的作用。

第三，完善财政监督问责机制。一是建立财政监督问责专职机构。对财政监督过程中出现的违法违规、行贿受贿等现象进行坚决查处，对于重大违法腐败问题，专职机构可以建议直接将相关责任人移交纪检监察机关进行违纪调查。二是建立财政监督问责与考核机制。对于财政监督主体实行问责考核制度，将财政监督问责情况纳入财政监督问责专职机构的年终绩效考核。

第四，加强立法的前瞻性，保证财政监督主体在实际工作中能够对各类问题有清晰的思路，使得任何一种违规腐败现象都难逃法网。[②]

第五，要充分考虑到现行财政法律法规的条款细节，注意与其他法律法规之间的协调，尽量避免财政法律法规之间的冲突与反腐败的盲点、空白。应划清财政主体的权力边界与职责范围。这样便可以有效地遏制在财政过程中可能出现的权力寻租以及强行执法、执法越位等腐败现象。[③]

第六，应严格划分法律责任，加强公共财政问责力度，对未能依

① 刘剑文．财政监督法治化的理论伸张与制度转型：基于财政民主原则的思考［J］．中国政法大学学报，2019（6）：169-179+209.

② 童家飞．基于防治财政腐败的财政监督体系研究［D］．杭州：浙江财经大学，2013.

③ 童家飞．基于防治财政腐败的财政监督体系研究［D］．杭州：浙江财经大学，2013.

法公开公共财政信息、公共财产信息的政府部门依法追究，对预算公开与审计中发现的贪腐人员及时处罚，从而提高公共财产公开制度的约束力和威慑力。只有这样，才能让人大和公众的预算监督发挥实效，让公开成为制约政府财政权的强力机制。①

第七，推动公共财政民主，有效地遏制腐败。首先，推动公民个体参与，这不仅有助于落实公民的知情权、参与权和监督权，还为反腐工作提供了强大的监督力量。其次，应完善公众的预算组织结社程序，以发挥集体参与在公共财产公开中的独特作用。最后，推动新闻媒体的参与，新闻媒体在信息传递和社会发展中扮演着重要的角色，对腐败官员具有特别的抑制和震慑功效，应当促进媒体的相对独立和言论自由，使官员的贪腐欲念在“镁光灯”的披露和揭发之下无处遁形所收敛。一个更加公开且民主的社会，才能规范公共财产的使用、治愈腐败的顽疾。②

第八，应明确各监督主体的具体处罚手段、问责细则。

作为公共财政领域的重要法律，公共财政反腐败法不仅要有引领作用，而且要有可操作性。同时，还必须尽快制定配套实施细则。如此，才能真正起到“管用”的效果和作用。

① 刘剑文，耿颖．论反腐败进路中的公共财产公开［J］．江淮论坛，2014（1）：115-121.

② 刘剑文，耿颖．论反腐败进路中的公共财产公开［J］．江淮论坛，2014（1）：115-121.

第十八章　推进国际投资、贸易领域反腐败规则制定

党的十八大以来，以习近平同志为核心的党中央准确判断国际形势新变化，深刻把握国内改革发展新要求，确立开放发展新理念，实施共建“一带一路”倡议，构建人类命运共同体，中国开放事业取得新的重大成就。目前，中国已成为世界第二大经济体、第一大工业国、第一大货物贸易国、第一大外汇储备国。中国经济对世界经济增长的贡献占到1/3。中国为世界经济注入最大的确定性，成为公认的“压舱石”和“稳定器”。①

中国应深度参与全球治理，参与国际廉洁经贸规则的制定，包含国际廉洁预算规则、国际财政反腐败规则的制定，这既是中国自身发展使然，也是世界多极化和全球化发展的需要。我们要以人类命运共同体理念推进全球经济治理体系的完善，让中国的对外开放、中国的反腐败方案，成为推动世界各国共享经济繁荣的强大引擎与保障。

---

① 吕岩松. 我国应深度参与全球治理和国际经贸规则制定［EB/OL］.（2018-11-02）. https：//finance. sina. com. cn/meeting/2018-11-02/doc-ihnfikve7492087. shtml.

一、推进国际投资、贸易领域反腐败规则制定的迫切性

（一）面对世界经济发展变化的需要

当前，我们面对的是一个新的时期，即贸易规则重塑的时期。作为迅速发展的新兴大国，我国在成为世界第一大货物贸易国以后，要在新的规则制定中有所担当，要发挥建设性的作用，而不像过去只是熟悉规则，学习规则。为了最大程度地保障我们国家的发展和国家经济安全，中国应当，也必须参与、推进规则的制定。

客观地说，我们是后发的新兴国家，在国际经济规则的制定方面，如果走寻常之路的话，应该是边参与边学习，逐步发展到推进国际经济规则的制定。但我们在反腐败国际合作与反腐败国际规则的制定方面，有着党的十八大以来反腐败辉煌成就提供的经验与智慧，对推进反腐败规则的制定是有自信的。

因而，在预算领域、公共财政领域，为国际社会提供公共产品——公共财政绩效预算反腐败立法、公共财政反腐败立法，以资新兴国家借鉴、仿效，并推进国际理财规则（国际预算反腐败规则、国际公共财政反腐败规则）制定，我国责无旁贷。

（二）持续推进“一带一路”廉洁建设的需要

2013年，习近平主席首次提出“一带一路”倡议。2016年，“一带一路”倡议首次写入联合国大会决议。联合国前副秘书长兼环境规划署执行主任埃里克·索尔海姆（Erik Solheim）高度评价了“一带一路”倡议，称其促成了一系列具有重大意义的项目落地，从

而让全球民众受益。①

"一带一路"倡议已经成为最受欢迎的国际公共产品和最大规模的国际合作平台。中国已同150多个国家和30多个国际组织签署"一带一路"合作文件。"一带一路"倡议迄已形成3000多个合作项目，拉动超万亿美元的投资规模，打造了一个个"国家地标""民生工程""合作丰碑"。一大批交通基础设施项目落地生根，为共建国发展注入强劲动力。一批清洁、高效、质优的绿色能源项目点亮共建国家未来发展之路。减贫、农业技术、职业教育等一个个接地气的民生领域项目，有效提高了共建国家人民的生活水平。世界银行测算，"一带一路"框架下有关交通项目的全部实施，到2030年有望使全球收入增加0.7%至2.9%，使760万人摆脱极端贫困，3200万人摆脱中度贫困。②

2017年5月，习近平主席在"一带一路"国际合作高峰论坛开幕式上的演讲中明确提出，"要加强国际反腐合作，让'一带一路'成为廉洁之路"。中国同合作伙伴积极推进"一带一路"廉洁建设，加强反腐败国际合作，2019年共同发起了《廉洁丝绸之路北京倡议》，推动反腐败国际合作与反腐败国际规则的制定。

2023年10月，中国举办第三届"一带一路"国际合作高峰论坛，此次论坛发布了《"一带一路"廉洁建设成效与展望》，并推出了《"一带一路"廉洁建设高级原则》和"一带一路"企业廉洁合规评价体系。我们要以此为契机，继续推动"一带一路"廉洁理财规则的制定。

---

① 陈天浩. 联合国前副秘书长："一带一路"倡议贡献突出让全球民众受益［EB/OL］.（2023-10-10）. http：//news. iqilu. com/guoji/20231010/5525621. shtml.

② 2023年8月31日外交部发言人汪文斌主持例行记者会［EB/OL］.（2023-08-31）. https：//www. mfa. gov. cn/web/wjdt _ 674879/fyrbt _ 674889/202308/t20230831 _ 11136284. shtml.

（三）推动新兴国家共同发展的需要

美国、英国、法国等发达的西方资本主义国家，其财政预算管理体系和监督体系都非常具有特色，在腐败防治方面也发挥着十分重要的作用。但由于政治体制和基本国情不同，其绩效预算的模式与模板对新兴国家并不适用，亟须中国提供可借鉴的方案。

中国的许多原创性思想与做法，如：预算改革的理念以及科学的预算监督管理措施、决策与执行相分离的约束机制等方面，尤其是中国特色的廉洁理财制度，对推进新兴国家的预算管理体制改革和腐败防治工作有着重要的借鉴意义。①

二、推进国际投资、贸易领域反腐败规则制定的思考

（一）推进对既存的国际投资、贸易规则进行制度廉洁性反腐败评估与完善

国际投资、贸易领域向来是腐败的高发区。过去，国际投资、贸易中的跨国腐败行为主要由国内立法、国际组织的反腐败公约和国际软法进行规制，而国际投资、贸易条约、贸易协定一直以来的核心功能就是促进与保护投资与贸易，并未被用作反腐败的工具。近些年随着国际投资、贸易条约、贸易协定可持续发展议程兴起，反腐败作为社会议题之一开始被纳入国际投资、贸易条约、贸易协定谈判中，这是遏制国际投资、贸易中跨国腐败行为、塑造公平竞争环境、促进

① 赵喜林．预算民主与腐败防治研究［D］．长沙：湖南大学，2012.

可持续发展的重要举措。

1. 对既存的国际投资、经贸规则进行制度廉洁性反腐败评估

由于过去在制定、签订国际经贸条约、协定时，在不少国家的要求下，规则制定者考虑了贸易与人权挂钩，加入了社会责任条款，但并没有考虑廉洁性问题。故此，既存的国际经贸规则大多没有反腐败的内容。

为此，我们应以《联合国反腐败公约》等公认的国际反腐败原则作为标准，逐一对现存的国际经贸条约、协定进行廉洁性的审阅、评估。

2. 在既存的国际经贸规则中加入反腐败条款

根据逐一审阅、评估的结果，对重要的或正在发挥重要作用的国际经贸条约、协定，根据具体情况，以《联合国反腐败公约》等公认的国际反腐败原则为标准，逐一加入反腐败条款或反腐败内容。

近年来，区域贸易协定热度不减，已经成为全球经济治理的重要特征，签订区域贸易协定的国家和地区数量激增。所以签订的区域贸易协定也需重点关注，并加入反腐败条款或反腐败内容的规则。

（二）推进国际投资、贸易领域反腐败规则制定论纲

2023 年 10 月 18 日，第三届“一带一路”国际合作高峰论坛廉洁丝绸之路分论坛在北京国家会议中心举行。中方会同合作伙伴发布《“一带一路”廉洁建设成效与展望》，推出《“一带一路”廉洁建设高级原则》，建立“一带一路”企业廉洁合规评价体系，并同国际组织合作开展“一带一路”廉洁研究和培训。

加强国际公共财政反腐败合作，推进国际投资、贸易领域反腐败规则制定也是题中应有之义。

以推进“一带一路”廉洁理财规则制定为例，可以让学者先行研究，然后组织立法专班来起草。“一带一路”廉洁理财规则可以定

名为《“一带一路”廉洁理财公约》，该公约应是一部系统、全面，但文字简洁，在各国适用的公共财政廉洁公约。

1.“一带一路”廉洁理财公约编撰思路

如前所述，“一带一路”建设十年来取得了令世界瞩目的成就。为使“一带一路”建设行稳致远，需要共建方继续携手共进，在廉洁理财方面有所作为：一是在财政信息公开透明方面达成共识，为共建“一带一路”透明的规则和治理框架积极合作。二是在“一带一路”合作项目的绩效监管方面，打造高效、廉洁的营商环境。三是在廉洁财政准则制定方面，坚决抵制商业贿赂行为，压缩腐败空间。四是以有关反腐败国际公约和双边条约为基础，建设惩治财政腐败的合作网络。五是分享廉洁和法治财政建设的有益经验和成功实践，共同推动廉洁丝绸之路建设。

因而，可根据《联合国反腐败公约》精神，考虑上述五个方面的要求，编撰“一带一路”廉洁理财公约。

在编撰时，要注意吸纳经合组织、欧盟、美洲国家组织、非盟等各区域已制定的相关规则的经验与做法，以及绩效预算立法较为先进国家的经验，做好顶层设计。

2.“一带一路”廉洁理财公约结构与内容的顶层设计

“一带一路”廉洁理财公约落实廉洁丝绸之路建设的原则、要义，应重点关注“一带一路”倡议实施过程中公共财政资金的依法、廉洁支出制度的构建，重点关注如何制定防治基础设施采购、重大项目建设等腐败发生频率较高的领域的廉洁制度。此外，也有必要将达成共识的反腐败内容在公约中明确，把零散的涉及反腐败的双边协议升级为多边公约，在现有反腐败国际合作共识的基础上增加强制力。

基于以上考虑，“一带一路”廉洁理财公约内容大体分总则、分则和附则三部分，包括总则、廉洁预算、廉洁审计、廉洁政府采购规则、廉洁税收、国际合作程序、技术援助和信息交流、实施机制。目标是确立国际廉洁理财标准。

3.“一带一路”廉洁理财公约制定时应注意的问题

一是制定“一带一路”廉洁理财公约要以《联合国反腐败公约》及公认的国际准则为基准，不能背离上述国际公约与国际准则的原则、立场与方法。

二是制定“一带一路”廉洁理财公约时应考虑与其他国际投资、贸易规则，以及其他反腐败规则、制度的衔接和补充。

三是考虑如何在“一带一路”参与国国内适用的问题，不能形同虚设。

结　语

预算是公共财政的核心，是治国理政之利器，也是反腐败之利器。

现代预算制度是国家治理体系和治理能力现代化的基础和重要标志。秉承“花钱必问效，无效必问责”的理念实施绩效预算，被视为建立现代预算制度的突破口。

绩效预算是一种以结果为导向的预算管理模式。它要求在预算编制、执行、监督的全过程中，更加关注预算资金的产出和结果，促使政府部门花尽量少的资金，办尽量多的实事，向社会公众提供更多、更好的公共产品和公共服务，使政府行为更加规范、高效。此外，对保障公众的知情权、参与权和监督权，对反腐败也具有重要意义。因此，绩效预算是一个国家治理体系和治理能力现代化的重要体现，也具有强大的反腐败功能。

真正意义上的绩效预算于20世纪80年代在英美等西方国家率先兴起，很快席卷了发达国家，最明显的表现形式是各国普遍推广与应用绩效预算。据不完全统计，世界上有近50个国家采用了绩效预算。从发展趋势来看，采用绩效预算的国家会越来越多。[①]

我国在2003年十六届三中全会首次提出“建立预算绩效评价体系”，开启了预算绩效管理时代。

当前，中国正在逐步建立与社会主义市场经济相适应的公共财政管理体系，而科学、规范、透明的绩效预算制度正是公共财政管理

---

① 杨鹏．西方国家绩效预算的特点及经验［EB/OL］．（2013-08-06）．https：//www.chinanews．com/cj/2013/08-06/5127285．shtml．

体系中不可缺少的重要组成部分。而科学、规范、透明的本质要求是把权力关进制度的笼子里。故，积极改进预算立法，增强其反腐败的功能，成为目前最为急迫的任务。

在这样的背景下，本书尝试探讨一些有关绩效预算的基本理论和联合国、世界发达国家绩效预算立法的演进与实践经验，并就如何推进公共财政绩效预算与反腐败法、公共财政反腐败法的文本起草，中国如何推动国际投资、贸易合作，如何推进国际廉洁投资、贸易规则的制定提出了思考。

制定“公共财政绩效预算与反腐败法”，把全口径预算绩效管理、反腐败、预算民主、预算法定、预算公开、人大对预算的监督与审查、预算问责等人民群众最关心的问题转化为切实可行的法律制度，回应了社会关切，符合中国国情。该法既有前瞻性，又有可操作性，是一部善治良法。该法以最严密的制度笼子，管好国家的“钱袋子”，将对国家治理具有重要意义，如：第一，全面公开条款，公开的范围，既包括中央预算，也包括地方预算，预算、预算调整、决算都要公开，不但政府预算要公开，部门预算也要公开；第二，在全面公开的原则下，强调对政府预算中本级政府财政转移支付以及举借债务、部门预算中包括“三公”经费在内的机关运行经费、预算执行中的政府采购、审计部门对预算执行和其他财政收支的审计报告等重点内容的公开；第三，预算公开是可操作的公开，新预算法对预算公开的内容、时间、主体等都作了明确、具体的规定，使公开更能落到实处；第四，公开的预算等报告要通俗易懂，让普通老百姓也能看懂。

推进公共财政反腐败立法是目前我国反腐倡廉的有效途径。腐败问题根源于公共财产界定的不明确，同时公权力代理使用公共财产时缺乏有效监督。推进公共财政反腐败立法，既能规范、监督公权在公共财政领域的有序运行，又能遏制、压缩公职人员在财政活动中的寻租空间，使财政收支合规、公开，财政监管法定、到位。推进公共财政反腐败立法，能助推财政法定的实现，能助推财政民主的实现，能助推财政公平的实现。

在百年未有之大变局背景下，在国际规则重塑时代的当下，中国有责任和使命担当起推动国际投资、贸易合作，推进国际投资、贸易领域反腐败规则制定的重任，尤其是应在“一带一路”廉洁预算与廉洁审计立法方面作出较大的贡献，通过确立国际标准与规则，推动人类命运共同体建设。

“公共财政绩效预算与反腐败法”作为中国方案，必须在绩效预算、预算民主、预算公开（透明度）、预算审计、预算问责、反腐败程序、法律责任等内容方面具有中国特色，具有新兴国家的特色，以供广大的新兴国家借鉴、仿效。

“公共财政反腐败法”作为中国方案，同样必须在反腐败实体规定、反腐败程序规定、财政公开（透明度）、财政民主、财政问责、反腐败审计、法律责任等内容方面具有中国特色，具有新兴国家的特色，在建设阳光财政方面有所作为，以供广大的新兴国家借鉴、仿效。

后　记

对本书的思考始于 2013 年，当时，我正主持国家某部委委托的一个项目“绩效预算与绩效管理中外比较研究”（编号 2013108）。我有这样一个想法：在研究完本课题后，还可以集中精力研究公共财政预算反腐败立法的问题，因为预算做好了就是替国家管住了“钱袋子”。我有意识地关注、收集一些国家的预算立法、公共预算反腐败立法的资料。之后，我无论是作为国家社科基金重大项目的首席专家，承担 2013 年“推进反腐败国家立法与党内法规、制度建设研究”课题，还是主持 2017 年“十三五”国家重点图书出版规划项目“中国反腐败国家立法研究丛书”、2018 年湖南省社科基金智库重大项目“中国反腐败立法研究”、2022 年国家出版基金项目“中国反腐败国家立法研究丛书”、2023 年广西大学应用经济学学科交叉科研项目“‘一带一路’建设中中国—东盟经贸合作廉洁规则研究”，都把公共财政反腐败立法研究作为主要研究内容之一。日积月累，搜集的资料越来越多，思考越来越成熟。在此基础上，我参考了大量中英文文献，写作成本书。

几年来，不论是在湖南大学工作，还是调入广西大学工作，我都没有停止过对本书的构思与写作。

在积累相关中英文研究文献、资料的过程中，深感国家反腐败立法研究文献、资料搜集之不易，故，在书中保留了“以资料见长”的特色，给读者诸君带来了困扰，特此致歉。

我虽然在书中竭尽全力想把所有引自他人的成果一一标注上，不掠人之美，但难免有遗漏。恳望大家的批评、指正。

感谢各级社科基金、规划项目的资助。尤其要感谢湖南省哲学社会科学规划基金办公室，允许我主持的2018年湖南省社科基金智库重大项目“中国反腐败立法研究”延期结题。感谢广西大学科研院鼓励我申报2023年广西大学应用经济学学科交叉科研项目“‘一带一路’建设中中国—东盟经贸合作廉洁规则研究”。

感谢湖南大学和广西大学的领导、同事们给予我的关怀、支持。

感谢家人长期以来对我的理解、包容与支持。正是这些理解、包容与支持，才使我能在学术的道路上勇往直前。

是为记。

聂资鲁

2023年7月

于广西大学法学院